MÉMOIRES

SUR LES ÉVÉNEMENS

QUI ONT PRÉCÉDÉ LA MORT

DE JOACHIM IER.,

ROI DES DEUX-SICILES.

PARIS. — IMPRIMERIE DE FAIN,
RUE RACINE, N°. 4, PLACE DE L'ODÉON.

MÉMOIRES

SUR LES ÉVÉNEMENS

QUI ONT PRÉCÉDÉ LA MORT

DE JOACHIM Iᵉʳ,

ROI DES DEUX-SICILES;

PAR FRANCESCHETTI,

EX-GÉNÉRAL, SORTANT DU SERVICE DE NAPLES;

SUIVI

DE LA CORRESPONDANCE PRIVÉE DE CE GÉNÉRAL AVEC LA
REINE, COMTESSE DE LIPANO.

. . . . Quæque ipse miserrima vidi,
Et quorum pars magna fui. . . . .

PARIS.

BAUDOUIN FRERES, ÉDITEURS,
RUE DE VAUGIRARD, Nº. 17, DERRIÈRE L'ODÉON.

BRUXELLES,
MÊME MAISON DE COMMERCE.

1826.

AVANT-PROPOS.

L'histoire a transmis à la postérité les faits d'armes qui ont illustré le roi Joachim comme général des armées françaises. Les événemens qui se sont passés, pendant dix années qu'il a figuré parmi les souverains de l'Europe, ont été publiés par des écrivains impartiaux des pays que la Providence l'avait appelé à gouverner; mais ces écrivains, quoique contemporains, ne pouvaient pas faire connaître au public des faits postérieurs au séjour que ce prince avait fait dans ses états, c'est-à-dire, depuis le 19 mai 1815, jour fatal où il avait quitté sa capitale, jusqu'au 13 octobre, jour de sa mort.

J'ai pensé que la reconnaissance, la fidélité sans bornes et l'attachement inviolable que je lui avais voués, me faisaient une loi de communiquer des événemens, connus de moi seul, et qui peuvent servir à compléter l'histoire de la vie de ce prince.

J'ai cédé au besoin que je sentais d'inté-

Les détails que je communiquerai à cet égard sont d'ailleurs étrangers au sujet que je traite. Je me borne donc au récit purement historique d'événemens, d'autant moins connus, qu'ils ont eu peu de témoins, que personne ne les a vus de plus près que moi, et n'a pu en outre être, comme je le suis, autorisé à les rendre publics.

La fortune, qui se joue sans pitié des destinées de l'homme, après avoir fait monter le roi Joachim sur le trône de Naples, l'avait totalement abandonné au moment où ce prince se détermina à marcher contre les forces de la maison d'Autriche. Le bruit des événemens qui l'avaient contraint à s'éloigner de ses États avait retenti dans toute l'Europe.

Entré à son service en qualité de capitaine dans les grenadiers de la garde royale, avec cent quarante carabiniers de la légion corse qu'un décret impérial, publié en 1806, céda au royaume de Naples, je parvins successivement au grade d'officier-général. Si ma conduite militaire m'avait mérité l'estime et l'attachement de mon souverain, je lui avais voué de mon côté tous les sentimens que la reconnaissance et un attachement sans bornes peuvent inspirer à un militaire guidé par les sentimens de l'honneur et du devoir.

Lorsque la défection de son armée ne lui eut laissé d'autres moyens d'échapper à l'ennemi, prêt à pénétrer dans sa capitale, qu'en s'embarquant sur un bâtiment qui se rendait en France, je n'hésitai pas à le suivre, et j'arrivai à Toulon au moment où il venait de débarquer sur les côtes de la Provence.

Après avoir passé quelques jours à Cannes, le roi vint à Toulon où il vivait en simple particulier. Mes services lui devenaient inutiles ; les souvenirs de la Corse se réveillèrent en moi plus fortement que jamais ; depuis trois ans je n'avais pu jouir des embrassemens de ma famille ; j'étais avide de la revoir. Je m'en expliquai au roi qui m'accorda un congé de trois mois, et qui m'ordonna de le rejoindre aussitôt qu'il serait expiré.

Arrivé à Bastia, je pressai sur mon cœur mon épouse et mes enfans, et nous partîmes pour Vescovato où je m'établis dans la maison de M. Colonna Ceccaldi, mon beau-père, maire de cet endroit.

Je goûtais dans cette retraite des charmes inexprimables, le souvenir des hasards de la guerre et les fatigues d'un voyage long et pénible disparaissaient devant le calme parfait dont je jouissais. Le nom d'époux et de père, qui depuis longtemps n'avait pas frappé mes oreilles, retentissait jusqu'au fond de mon cœur. Ah ! s'il eût été écrit dans les décrets de la Providence que j'achèverais ainsi mes destinées, j'eusse été loin de m'en plaindre : mon épouse, mes enfans, le champ planté par mes aïeux auraient été l'unique objet de mes soins ; mais il m'était réservé d'éprouver encore les caprices du sort, et d'avaler jusqu'à la lie la coupe de l'adversité.

Tandis que mes jours s'écoulaient paisiblement

au Vescovato, la bataille de Waterloo avait décidé des destinées de la France. Le roi Joachim fut poursuivi et réduit à se cacher, bien qu'aucun ordre du gouvernement français n'eût été donné à ce sujet.

J'étais tranquillement chez moi, le jour de la Saint-Louis, 25 août, lorsqu'on vint me prévenir, vers midi, qu'un inconnu était à ma porte demandant l'hospitalité; je lui fis dire d'entrer.

Un homme se présente enveloppé dans une capote, la tête enfoncée dans un bonnet de soie noire, la barbe épaisse, en pantalon, en guêtres et en souliers de simple soldat; il était exténué de fatigue.

Quelle fut ma surprise, lorsque, sous cette enveloppe grossière, je reconnus le roi Joachim, ce prince naguère si magnifique. Un cri échappe de ma bouche, et je tombe à ses genoux.

Le roi Joachim, malheureux et persécuté, était le même souverain auquel j'avais juré fidélité. Au jour qu'il rentrait dans sa capitale, entouré de sa cour, encensé de son peuple, il ne m'inspirait pas un plus profond respect.

Le prince me releva, me pressa sur son cœur; « Et, me dit-il, il faut me donner l'hospitalité, il » faut me sauver. Trouverai-je encore un fidèle » sujet... Je m'abandonne à vous! »

« Sire, lui répondis-je tout ému, je ne trahirai » pas votre confiance; ma fortune est à vous, vous » pouvez en disposer; vos droits sont toujours les

» mêmes sur moi, et ma famille n'a jamais mé-
» prisé les malheureux. »

Après avoir pris quelque repos, et des rafraîchissemens dont il avait le plus grand besoin, le
roi me raconta son départ de Toulon, sa traversée
et son arrivée à Bastia.

_ « J'avais, me dit-il, fait noliser un vaisseau
» marchand à bord duquel j'avais embarqué mes
» équipages et mes aides-de-camp, auxquels j'avais
» confié une somme de deux cent mille francs ; je
» m'embarquais sur un canot pour aller les rejoin-
» dre ; je n'étais plus qu'à une petite distance du
» bâtiment, lorsque je l'aperçus virer de bord et
» s'éloigner ; cette manœuvre (avec agitation et
» à plusieurs reprises) exige une explication de
» la part de mes aides-de-camp, MM. Rosetti,
» Rocca-Romana et Bonafoux (1). Ainsi abandonné,
» je me vis forcé de retourner à terre.

------

(1) Cette explication vivement attendue, et qui fut une
nouvelle affliction pour le cœur du feu roi, jusqu'au moment
de son supplice, aurait efficacement contribué à calmer l'agitation de son compagnon d'infortune, seul dépositaire de
ses secrets, occasionée par les plaintes amères du roi qui
paraissait inconsolable.

L'année 1825 a paru être la limite fixée pour mettre à jour
cette inextricable et mystérieuse affaire ; mais moi, assistant
au conseil, présent à toutes les moindres circonstances, je
dois regretter qu'un soi-disant sergent en retraite ait pris à
tâche d'offrir au public, comme témoin occulaire, des faits
entièrement controuvés, puisque cet individu ne s'est jamais

» En débarquant je me jetai dans la campagne,
» et le hasard voulut qu'un sentier me conduisît
» chez le même paysan que je venais de quitter
» dans sa demeure, et qui m'a tenu caché pendant
» plusieurs jours dans un trou creusé dans la terre
» et couvert de bois et de feuillages ; et plusieurs
» fois, par le moyen de la séparation d'une plan-
» che, je me vis forcé à me cacher encore dans
» une grande et large cage remplie de poules, que
» le bon paysan avait organisée de manière à me
» trouver placé entre la cage et le mur de sa mai-
» son, au moment où l'on faisait des perquisitions
» chez lui. Fatigué d'une aussi pénible existence,
» je résolus de me jeter dans une petite barque
» pour me trouver sur le passage du bateau de
» poste qui part de Toulon tous les jeudis, et
» m'embarquer pour me rendre en Corse, ou de
» m'abandonner à la merci des vents pour tâcher

---

trouvé en présence du roi, du moins après son départ de
Toulon. Les aides-de-camp même n'auraient pu mettre à la
connaissance publique ces relations, sans mon secours, si
l'on en excepte les motifs qui les ont forcés à abandonner le
roi sur les côtes de la Provence.

Mon ouvrage seul, dépourvu à la vérité de ces fleurs at-
trayantes de la réthorique, pourra mériter la bienveillance publique, appuyé qu'il est de vérités incontestables et de pièces
authentiques. Le roi, débarqué à Bastia le 25, avant la pointe
du jour, accompagné des seuls officiers Donnadieu, Langlade
et Blancard, se mit immédiatement en route pour le Vescovato
où il arriva vers midi. Une heure seule de repos à Bastia,

» de rencontrer quelque bâtiment qui me reçût à
» son bord.

» J'exécutai mon dessein, accompagné des offi-
» ciers de marine Blancard, Langlade et Donna-
» dieu; nous étions à dix ou douze lieues de la côte
» de France; une bombarde passa à la proximité
» du canot; j'élevai la voix pour supplier l'é-

---

l'aurait gravement compromis, puisque trente gendarmes se
présentèrent le 26, pour s'emparer de sa personne; il est
donc évident que l'assertion du sergent est erronée. Chargé
de pourvoir les fidèles compagnons du roi des objets dont
ils avaient le plus pressant besoin, je n'eus qu'à m'occuper
des trois déjà désignés ; le sergent aurait été accueilli comme
les autres, avec la même effusion de cœur s'il se fût présenté.
Aurait-il voulu vivre dans l'incognito? Le roi ne l'aurait pas
permis; moi-même j'étais intéressé à connaître tous ceux qui
nous environnaient, puisque j'en faisais journellement l'appel. Le bateau de poste, enfin, n'a reçu à son bord que quatre
individus, le roi compris, et non cinq. Embarqué sur le
même bateau avec le roi, je dus me gêner, pendant la traversée, pour lui donner quelque latitude à s'étendre sur le
pont, le bateau n'étant pas susceptible d'avoir une chambre,
dans laquelle le sergent prétend avoir reçu des mains du roi,
les papiers qu'il publie. Pour éclaircir ce fait, il est important
de faire connaître que ces documens étaient restés dans le
portefeuille déposé avec les effets du roi, sur le navire nolisé
à Toulon, et confié à la garde de ses aides-de-camp.

Par quel hasard ces pièces se trouvent elles entre les mains
d'un sergent inconnu? La solution de cette énigme appartient
au public, à la sagesse duquel je m'en rapporte pour en tirer
de justes conséquences.

» quipage de me recevoir ; le capitaine ne fit au-
» cune attention à mes prières, et la bombarde
» nous rasa de si près, que nous fûmes sur le
» point de chavirer. Le jour tombait, l'agitation
» des vagues menaçait de m'engloutir, lorsque
» j'aperçus le bateau de poste de Corse, commandé
» par le capitaine, nommé Michaello Bonelli,
» de Bastia, lequel, plus humain, me reçut sur
» son bord, sans s'informer de mon nom et de ma
» condition.

» Je trouvai à bord le capitaine de frégate Olet-
» ta (1), le sénateur Casabianca, le neveu du prince
» Baciocchi, nommé Rossi ; l'ordonnateur Boerio,
» et plusieurs autres passagers ; nous arrivâmes à
» Bastia ; je vous fis aussitôt chercher, et l'on m'ap-

---

(1) M. Oletta, capitaine de frégate, était le seul passager sur
le bateau de poste ; instruit que le roi Joachim, sous le nom
de Campo-Mele, devait se trouver dans une petite barque,
sur son passage hors de la rade de Toulon. Le moment du départ du bateau de poste étant arrivé, et ne l'ayant pas rencontré à la hauteur à peu près convenue, le capitaine Oletta,
connaissant d'ailleurs l'intrépidité du prince, et celle des trois
officiers de sa suite, se douta bien que la frêle barque,
bravant les dangers du redoutable élément, aurait gagné le
large ; il fit tout ce qui était en son pouvoir pour aller à sa
rencontre, et, l'ayant enfin rejoint en pleine mer, au moment
où elle allait faire naufrage, il eut le bonheur de sauver le
roi qui daigna lui témoigner sa reconnaissance, en le serrant dans ses bras, le soir du 22 août 1815, vers les vingt-
quatre heures d'Italie.

» prit que vous étiez au Vescovato. On débarque,
» et chacun part pour sa destination; seul je de-
» meurai sur le rivage, avec mes trois officiers de
» marine; le hasard voulut qu'un ancien commis-
» saire des guerre au service de Naples, le sieur
» Galvani, s'aperçut de mon embarras.

  » Il m'avait reconnu sur le bateau de poste,
» étant du nombre des passagers, il crut devoir
» m'aborder. Je lui proposai de m'accompagner
» chez vous, et de me servir de guide pour m'é-
» loigner d'un pays dans lequel la nouvelle de mon
» arrivée s'était déjà répandue, et pouvait m'occa-
» sióner des désagrémens que je voulais éviter.
» Voilà de quelle manière je suis parvenu jusqu'ici
» à travers mille dangers. »

Il parla ensuite de la reine, son épouse, et il
me dit : « Je sais qu'elle est arrivée en Autriche,
» entourée de mes ministres et de différens offi-
» ciers de ma maison, dont plusieurs m'étaient par-
» ticulièrement attachés, et qu'on n'ignorait pas
» que je languissais depuis long-temps, dans le
» midi de la France, exposé au poignard des
» assassins.

  » A leur arrivée en Autriche, on aurait dû s'em-
» presser d'obtenir de l'empereur la permission de
» joindre ma personne pour me donner des nou-
» velles de mon épouse, de mes enfans, et s'éclair-
» cir de ma pénible et triste situation, pour m'ar-
» racher aux dangers, et m'emmener au sein de ma
» famille; mais j'ignore par quelle fatalité j'ai pu

» même avoir été oublié par des personnes.......
» auxquelles j'ai fait tant de bien. »

Tel fut le récit du roi. Nous cherchâmes à le consoler dans ses afflictions, et à éloigner de son cœur tout cruel souvenir qui aurait pu troubler son repos.

Je m'empressai de faire écrire, par mon beau-père Colonna Ceccaldi, la lettre n°. 1, au colonel Verrière, commandant alors en Corse, pour lui annoncer l'arrivée du prince à Vescovato. L'officier chargé de porter la lettre au colonel Verrière à Bastia, à son retour le même jour sans réponse, nous rapporta avoir été assuré qu'un détachement devait partir dans la nuit pour surprendre le roi et s'assurer de sa personne.

En effet le lendemain, dès la pointe du jour, on vint nous prévenir que trente gendarmes s'étaient présentés au Vescovato, et que leur mission était d'arrêter le roi; ils furent bien reçus et logés; je me décidai à voir le lieutenant de gendarmerie, nommé Serra, qui commandait cette expédition; je lui fis sentir l'impossibilité absolue dans laquelle il était d'exécuter les ordres qu'il avait reçus, sans occasioner de très-grands malheurs, et je le décidai à attendre de nouveaux ordres du colonel Verrière. Cet officier ayant témoigné le désir de voir le roi, j'obtins du prince la permission de le lui présenter. Il le reçut avec affabilité, et l'assura que, loin d'être dans l'intention de porter le trouble et la discorde dans l'île, il se ferait un devoir de respecter toujours le gouvernement de sa majesté Louis XVIII.

L'officier avait rendu compte de cet entretien au colonel Verrière : enfin la réponse du colonel arriva, ainsi que l'ordre à l'officier de gendarmerie de rentrer à Bastia avec son détachement ; mais en même temps il invitait le maire du Vescovato à faire embarquer son hôte le plus tôt possible ; cette lettre n°. 2, fut communiquée au roi ; il se décida à déférer aux désirs du colonel, et il donna ses soins aux préparatifs de son départ. Bastia fut choisi pour le lieu d'embarquement, et dix jours après tout y était prêt pour mettre à la voile.

Dans ces conjonctures, un parti se disant royaliste, le même qui, le 11 avril 1814, s'était révolté contre la France, et avait introduit en Corse les troupes anglaises, qui, au moment où le général Millet-Mureau arriva à Bastia, comme commissaire de sa majesté Louis XVIII, pour rétablir l'ordre et la tranquillité dans l'île, et recevoir le commandement du général anglais Montresor, se refusait à abandonner la cocarde britannique et foulait aux pieds la cocarde blanche, ce même parti, dis-je, s'agitait dans tous les sens..... Il ne négligeait aucune circonstance pour attirer de nouveau les Anglais dans l'île. Il crut en avoir trouvé l'occasion en répandant avec affectation le bruit que le roi Joachim avait formé le projet de s'en emparer.

On se convaincra facilement qu'une telle allégation était fausse et ridicule ; le prince était incapable de trahir la promesse qu'il avait faite de respecter l'autorité de sa majesté Louis XVIII; et à quoi d'ailleurs lui aurait servi la trop facile conquête d'un coin de terre qu'il ne pouvait espérer de conserver qu'avec l'assentiment des puissances coalisées.

Cependant les chefs de ce parti, dont l'incroyable activité et la mauvaise foi étaient portées à l'extrême, jugèrent que le moment était favorable pour la réussite de leurs projets.

Ils s'embarquèrent pour Gênes qui avait à cette époque garnison anglaise. Le général anglais les accueillit, et apprit d'eux que la Corse était dans un état complet d'anarchie, sans préfet et sans commandant militaire, ou que les autorités qui s'y trouvaient étaient sans force et sans pouvoir; ils lui exposèrent ensuite le motif de leur voyage, et l'engagèrent à envoyer des troupes pour prendre possession de l'île.

Le général anglais leur observa que, le roi de France étant allié du roi d'Angleterre, il ne lui était pas permis de diriger des troupes sur le territoire français; cependant il leur promit d'envoyer un officier d'état-major vers le roi Joachim pour s'informer de lui quelles étaient ses intentions.

En effet un officier anglais s'embarqua sur un brick qui fit voile pour Bastia. Il mouilla peu de jours après, et ayant pris terre, il se rendit au Vescovato, accompagné uniquement du capitaine du brick. Je le présentai au roi à qui il fit part des motifs de sa mission. Voici textuellement quelle fut la réponse qu'il obtint.

« Le sort des armes m'a forcé d'abandonner mon
» royaume; un concours de circonstances impré-
» vues m'a jeté dans cette île. Je ne suis pas venu y
» apporter le trouble et la discorde, mais je suis
» venu y chercher l'hospitalité. Je m'attendais au
» bon accueil que j'ai reçu de ses habitans, parce
» que l'infortune a des droits sacrés chez ce peuple
» hospitalier. J'ai créé officiers plus de deux mille
» soldats corses. Je vis ici en simple particulier; les
» couleurs du roi de France sont respectées, et je
» ne permettrai jamais que mon nom serve de pré-
» texte pour troubler la tranquillité publique. Du
» reste j'attends des passe-ports des puissances coa-
» lisées; si c'est de vous que je dois les recevoir, je
» suis prêt à quitter le Vescovato et à m'embarquer
» sur votre brick. »

L'officier anglais lui répondit que ses passe-ports n'étaient pas entre ses mains; cependant il mettait le brick à sa disposition, s'il voulait s'y embarquer. » Le roi n'ayant point accepté cette offre, l'officier anglais partit immédiatement pour Bastia, sans même voir le commandant de cette ville; il ne tarda pas à faire voile pour Gênes.

Ce fut à peu près sur ces entrefaites qu'une fré-gate anglaise, commandée par le capitaine Bastard, arriva de Livourne avec deux chaloupes canonnières siciliennes qui mouillèrent pareillement à Bastia. Les officiers de ces derniers bâtimens s'abouchèrent avec les chefs du parti dont j'ai déjà parlé, et le parti tout entier s'agita avec plus de violence que jamais.

On donna alors pour nouvelle au Vescovato qu'à la suite de cette entrevue la tête du roi avait été mise à prix pour la somme de cent cinquante mille francs. Je ne sais jusqu'à quel point ce bruit pouvait être fondé : ce qu'il y a de certain c'est qu'on ne tarda pas à apprendre que le colonel Verrière, commandant par intérim, pressé par les vives instances des prétendus royalistes, avait fait mettre l'embargo dans le port de Bastia, et saisi tous les navires nolisés pour le compte du roi.

Mais cette entrave à l'embarquement du roi dans le port de Bastia n'était pas assez pour les agitateurs; ils ne cessèrent d'importuner le colonel en tâchant de lui inspirer des craintes (par la lettre N°. III) sur le séjour du prince dans l'île, et de lui surprendre des ordres pour faire marcher de nouveau la gendarmerie sur Vescovato avec la mission déjà révoquée une première fois. Selon eux, le prince avait soudoyé des partisans qui, au premier signal, étaient prêts à se joindre à lui et à se mouvoir dans toutes les parties de la Corse. Plusieurs villages qui avaient arboré ses couleurs s'étaient mis, disait-on, en révolte ouverte contre le gouvernement français; enfin, selon eux, le jour de l'insurrection générale et de l'envahissement de l'île ne devait pas tarder à luire.

Le colonel ne pouvait ajouter foi à ces clameurs

d'une poignée d'hommes inconsidérés; les chefs lui en étaient devenus suspects par la démarche qu'ils avaient faite auprès de la garnison de Gênes. D'ailleurs il n'ignorait pas que, depuis vingt jours que le roi était au Vescovato, il vivait en simple particulier, et qu'aucune de ses actions n'indiquait le projet qu'on lui prêtait.

Cependant, ne voulant pas s'exposer au reproche d'avoir manqué de prudence, il s'avisa d'un stratagème qui devait le convaincre des véritables projets du roi et de l'esprit qui animait les habitans de l'île, et dont le résultat devait lui faire apprécier le degré de confiance qu'il devait accorder aux mutins dont il avait déjà sondé l'âme, et commençait à se défier.

Ses ordres sont donnés pour que la garnison rentre dans la citadelle ; il s'y enferme avec elle, et rédige une proclamation à tous les habitans de l'île. Il leur annonce que la réunion du Vescovato semble prendre une tournure suspecte au gouvernement de sa majesté ; il invite en conséquence tous les vrais royalistes à se tenir prêts à marcher contre elle, dans le cas où elle tarderait à se dissoudre.

Cette proclamation se répandit sur tous les points de l'île ; partout on se tint prêt à répondre à l'appel fait au nom de sa majesté Louis XVIII ; aucune voix ne se fit entendre pour chercher non à détruire, mais même à affaiblir l'effet qu'elle devait produire.

Le colonel, instruit de quelle manière elle avait

été reçue, ne mit plus en doute la fausseté des rapports qui lui avaient été faits; ainsi tombèrent tous ces bruits de révolte contre le gouvernement français, et de coopération aux prétendus projets du roi Joachim; ainsi furent justifiés les habitans de plusieurs points de l'île, que la calomnie avait représentés comme étant en rébellion ouverte contre leur souverain, de sorte que le stratagème dont le colonel avait usé, servit à faire indubitablement connaître que le prince n'avait rien entrepris contre le roi de France.

La proclamation, que nous avions reçue par le retour de la députation, n°. IV, que la municipalité du Vescovato avait envoyée au colonel Verrière, pour solliciter de nouveau et demander une barque pour le départ du prince, fut communiquée au roi. Il la lut attentivement, et me dit en souriant : « Dis-» sipons jusqu'aux moindres soupçons du colonel; » si ma présence en ces lieux inspire des craintes, » je ne dois pas les prolonger. Ordonnez tout pour » mon départ, je veux dès demain quitter le Ves-» covato. »

Cette nouvelle se répandit bientôt dans tout le village où une foule d'étrangers était venue pour voir le roi; les uns avaient servi sous ses ordres, et se laissaient guider par le sentiment de la reconnaissance; les autres étaient attirés par cette curiosité et ce même intérêt qu'inspire un roi déchu de sa grandeur. Ceux qui connaissent le cœur de l'homme expliqueront facilement ce dernier sentiment! On visite un illustre infortuné comme les ruines d'un monument antique ; le contraste du présent avec le passé éveille des sentimens forts et inaccoutumés, dont l'âme se repaît avec avidité.

Le jour du départ tous ces étrangers se rassemblèrent sur le passage du prince, pour jouir encore une fois de sa présence. Il parut et leur parla en ces termes :

« Je vous remercie de l'empressement que vous
» avez mis à me voir et à m'être utile ; il m'a été
» bien agréable de trouver des cœurs reconnaissans
» et d'inspirer encore quelque intérêt. Je n'oublie-
» rai jamais la conduite que les Corses, et les ha-
» bitans du Vescovato principalement, ont tenue à
» mon égard ; un jour viendra peut-être où je pour-
» rai leur prouver que les sentimens qu'ils m'inspi-
» rent ne sont pas effacés de ma mémoire. Re-
» tournez dans vos familles, et vivez en paix sous
» l'autorité du roi qui vous gouverne. »

La foule s'écoula, nous quittâmes le Vescovato le 17 septembre, et le même soir nous allâmes coucher à Cotone, chez le curé Galvani, et nous y séjournâmes le 18. Nous déjeunâmes le 19 chez M. Manuelli au Perelli d'Alisani, et, en continuant notre voyage, nous passâmes les montagnes de la Serra et Bozio ; nous nous arrêtâmes le soir dans une auberge de Saint-Pierre de Venaco. Le 20 nous déjeûnâmes à Vivaro, chez le curé Pantalacci ; nous passâmes dans l'après midi les gorges de la forêt de Vizzavona, et nous couchâmes à Bogognano, chez le commandant Bonnelli qui vint à la rencontre du roi avec une députation de son village. Une simple escorte nous avait accompagnés pendant tout ce trajet.

Le même soir le roi m'ordonna de me rendre à Ajaccio, pour y préparer son logement et y noliser des bâtimens qui devaient être à sa disposition.

Arrivé dans le chef-lieu du département, le duc de Padoue (Arrighi), m'envoya chercher. Je me rends chez lui. J'y trouvai une vingtaine de personnes rassemblées, parmi lesquelles étaient plusieurs parens de la famille de la reine Caroline, épouse du roi Joachim.

Le duc me demanda quel était l'objet de mon arrivée à Ajaccio; après avoir répondu à sa question, il m'engagea de persuader au roi de ne pas se présenter dans la ville, et ajouta que je ferais très-bien de partir pour le conduire dans des villages, afin de ne pas compromettre le pays.

Je lui répliquai que le roi voulait s'embarquer et abandonner la Corse; qu'il était sans argent, qu'il avait besoin d'une somme de vingt-cinq à trente mille francs pour son voyage; que si l'on consentait à lui confier cette somme, et que l'on fît sortir du port un bâtiment prêt à mettre à la voile, le roi s'embarquerait sans mettre le pied dans le pays natal de la famille de son épouse. Que, dans le cas contraire, il était décidé à se présenter aux braves habitans d'Ajaccio, pour trouver de l'argent et des bâtimens pour continuer sa route.

Alors commencèrent les reproches de famille; on m'objecta que le roi ne méritait aucun égard, parce qu'il avait été la cause de la perte de l'empereur. Je répondis que ces reproches étaient injustes, et qu'en supposant qu'ils fussent fondés, ce n'était pas dans une pareille circonstance qu'on devait les faire; que la vérité était, qu'aussitôt que le roi eût appris le débarquement de l'empereur en France, il dit à plusieurs membres de son conseil qui voulait l'exhorter à ne pas se déclarer en sa faveur; que s'il devait régner à condition de ne pas marcher au secours de son frère et de sa patrie, dans un moment aussi critique, il consentait à renoncer au plaisir de régner. Pour prouver cette assertion, et la bonne intelligence qui régnait entre l'empereur et lui, le général Belliard avait été envoyé en qualité d'ambassadeur à Naples, avec ordre de servir, comme chef de l'état-major-général, sous les ordres du roi qui se battait déjà dans la Haute-Italie contre les Autrichiens.

J'ajoutai qu'il ne m'appartenait pas de justifier la politique du roi; que l'objet de ma mission, que je remplissais avec effusion de cœur, comme sujet du roi de Naples, et dévoué à sa personne, était d'obtenir pour lui, soit de ses parens, ou de toute manière, des secours que l'on ne pouvait lui refuser sans inhumanité; que rien au monde n'avait pu égaler ma surprise, quand j'avais appris qu'on s'était permis de faire dire au roi que* les approches de la maison paternelle de son épouse lui étaient interdits,

et que ses jours seraient menacés, s'il osait se présenter; de plus, qu'on avait averti la veuve Pallavi-
eini qui avait consenti à recevoir le roi, que l'on
mettrait des hommes armés chez elle, pour empêcher S. M. de s'établir dans sa maison. « Convenez,
Messieurs, leurs dis-je, que de pareilles démarches
ne sont ni nobles, ni dignes de vous ; vous ne pensiez
pas ainsi quand S. M. était en état de vous combler
de ses bienfaits. Vous devriez aujourd'hui respecter
ses malheurs, être plus généreux envers elle ; la
secourir, l'entourer de vos personnes, l'aider de vos
conseils et la soulager dans ses afflictions. Je crois
en avoir dit assez, je me retire (1). »

----

(1) L'empereur Napoléon, peu de jours avant son départ
de Porto-Ferrajo, envoya à Naples M. Simon Colonna, ancien intendant de la province d'Aquila, pour prévenir de
son départ le roi Joachim qui, aussitôt, me donna l'ordre
de partir avec la plus grande célérité, pour porter à l'Empereur une lettre de la plus haute importance. Parmi les
ordres que j'avais, une fois arrivé à ma destination, j'avais
celui de ne pas quitter son altesse Madame Mère, et de la
conduire à Naples sur le vaisseau à deux ponts, nommé
Jacquinopoli, commandé par le capitaine Bouzen, qu'on aurait
fait partir expressément pour l'y embarquer.

Après une course de trois nuits et deux jours, on m'apprit
à Livourne que l'Empereur avait quitté l'île d'Elbe, avec
toute sa garde et son état-major, et pris la direction de
France. Voyant le but principal de ma mission, aussi impor-
tante que délicate, manqué, je m'empressai de m'acquitter
de la seconde auprès son altesse Madame Mère, et ce ne
fut pas sans peine ni sans difficulté que je parvins à surmonter

En rentrant chez moi, je rendis compte au roi de ce qui s'était passé dans la maison du duc de Padoue ; par le retour du message, j'appris qu'il se mettait en marche, et que je devais aller à sa rencontre.

Nous fîmes notre entrée à Ajaccio le 23 septembre. La population entière se pressait sur les pas du prince ; il fut porté en triomphe jusqu'à son logement qui n'était qu'une auberge d'une médiocre apparence..... Les autorités civiles et militaires, qui s'étaient placées de manière à nous voir, sans être vues de nous, n'apportèrent aucun obstacle à notre marche, et nous apercevions sur les remparts de la ville les soldats commandés par le chef de bataillon Cauro, immobiles et sans ar-

tous les obstacles et à échapper à la vigilance du gouvernement Toscan et à l'activité des différens détachemens autrichiens, placés tout le long de la côte, qui couraient après moi. Enfin, après plusieurs marches et contre-marches, pour cacher le véritable point de mon embarquement, depuis Piombino jusqu'à Véareggio, je m'embarquai dans la rade de Livourne, avec un temps orageux, sur une felouque napolitaine qui, en moins de six heures de traversée, me débarqua à Porto-Ferrajo.

Ce fut en cet endroit que je vis, pour la première fois, M. Ramolino, très-proche parent de son altesse Madame Mère, à qui l'Empereur avait donné la jouissance provisoire de sa maison paternelle en Corse, et de tous les biens appartenant à sa famille.

M. Ramolino débarqua à Naples avec son altesse Madame

mes, dont les regards se portaient sur nous, et saluèrent le roi par des acclamations réitérées; en un mot notre entrée dans les murs d'Ajaccio fut une véritable fête pour ses habitans qui manifestèrent ouvertement leur joie. L'un des premiers soins du roi fut de faire prévenir les autorités locales qu'il n'était venu à Ajaccio que dans l'intention de s'y embarquer, et il les fit assurer de son respect pour le gouvernement de sa majesté. Bien plus, il déclara au peuple assemblé qu'il ne demandait que l'hospitalité, et que si sa présence devait être un motif de trouble, il était décidé à quitter la ville sur-le-champ.

Le même jour j'écrivis à M. le maire et au commandant d'Ajaccio la lettre suivante :

Mère ; à cette occasion, le roi Joachim le nomma commandeur de l'ordre royal des Deux-Siciles, et lui fit présent d'une riche décoration de cet ordre, garnie de gros brillans ; de plus, le roi lui donna des lettres de crédit sur le banquier N. N. de Naples, pour quarante mille francs, à titre de gratification.

M. Ramolino quitta Naples et se rembarqua sur une frégate, avec son altesse Madame Mère, le roi Jérôme et son éminence le cardinal Fesch, tous alors réfugiés à Naples, pour se rendre en France, près de l'Empereur.

Le roi Joachim, trois mois après sa chute du trône de Naples, débarque en Corse et se présente à Ajaccio, dans le malheur, à ce même Ramolino comblé de ses bienfaits, et c'est lui qui ose le menacer de mort, s'il se présente devant la porte de la maison paternelle de la famille de Napoléon.

« Messieurs ,

» Je dois dissiper les inquiétudes que quelques
» personnes mal instruites ou mal intentionnées
» ont cherché à répandre sur l'arrivée et le séjour
» dans cette ville de S. M. le roi de Naples. Il
» suffirait de la conduite que le roi a tenue jusqu'à
» ce jour pour dissiper toute crainte. Reconnais-
» sant au delà de toute expression de l'accueil ami-
» cal que lui ont fait les Corses , et de l'hospitalité
» généreuse qu'ils lui ont accordée, son grand cœur
» repousse avec indignation toute pensée qui ne
» répond pas à la noblesse de ses sentimens.

» Sa majesté a cherché un asile ; elle a donné la
» préférence au lieu qui vit naître sa famille ; elle
» croit être au milieu d'elle lorsqu'elle est au mi-
» lieu des habitans de cette ville ; elle y vivra en
» simple particulier , et, en cette qualité, elle
» croit devoir attendre des autorités la protection
» que l'on doit à l'honneur et au malheur. Je suis
» autorisé par sa majesté de vous donner l'assu-
» rance de ses sentimens pacifiques, et, afin que
» vous puissiez mieux la juger, je vous adresse ci-
» incluse une copie de la lettre que le secrétaire de
» sa majesté a écrite par son ordre au colonel Ver-
» rière, en réponse à sa proclamation du 15 de ce
» mois.

» J'ai l'honneur d'être , etc. , etc.

» Le général Franceschetti. »

Lettre écrite par le secrétaire (1) de S. M. le roi de Naples , à
M. le colonel Verrière , commandant par intérim la 23e. division militaire , en réponse à sa proclamation du 15 de ce
mois :

« Monsieur le commandant,

» Le roi de Naples a lu, avec autant de surprise que
» d'indignation votre proclamation aux habitans et
» soldats de la vingt-troisième division militaire, da-
» tée du 15 du mois : elle est indécente ; elle est toute
» remplie de faussetés. On a de la peine à croire que
» celui qui annonce n'avoir pris le commandement de

---

(1) Blancard faisait les fonctions de secrétaire du roi ; il
prit, par son ordre, le nom de Serralonga. Sa Majesté eut
lieu, pendant tout le temps qu'elle fut obligée de se tenir
cachée à Toulon pour se dérober aux perquisitions de ses
ennemis, de connaître son dévouement, ainsi que celui de
MM. Donnadieu et Langlade, officiers de marine. Aussi c'est à
ces trois recommandables officiers que je laisse le soin de faire
le récit des persécutions endurées par ce prince malheureux ,
depuis son séjour à Toulon jusqu'à son arrivé à Bastia, avec
les détails qui sont plus particulièrement à leur connaissance,
puisqu'ils partagèrent généreusement ses dangers pour le soustraire à des poursuites acharnées et le conduire en Corse.

M. Joly-Claire , en sa qualité de commissaire spécial de
police à Toulon , cet homme d'honneur et de probité, qui
perdit sa place pour se refuser de devenir l'instrument d'une
trahison, pour ne pas seconder les intentions du marquis de
Rivière qui voulait à toute force s'emparer de la personne
du roi Joachim....., pourra nous donner des détails très-
exacts de son séjour, et des persécutions souffertes par ce malheureux prince, dans le midi de la France.

» la Corse que pour y maintenir la paix et la tranquil-
» lité, ait donné lui-même le signal de la guerre
» civile, en provoquant des fausses mesures, et
» en signalant au fer des assassins sa personne
» royale, et les âmes généreuses qui ne craignent
» pas de donner l'hospitalité à un prince malheu-
» reux, à un capitaine que ses services et sa position
» rendraient sacré chez toutes les nations civilisées.

» En effet, comment avez-vous osé, monsieur
» le colonel, vous permettre de qualifier de traî-
» tre, de perturbateur, un prince qui, dès son en-
» trée dans l'île, déclara hautement et vous fit décla-
» rer par M. Colonna Ceccaldi, maire du Vescovato,
» qu'en venant en Corse, son intention était de vi-
» vre comme simple particulier, et de jouir d'une
» tranquillité qu'il n'avait pu trouver dans le midi
» de la France, déchiré par ce même génie malfai-
» sant qui voudrait aujourd'hui déchirer la Corse.

» On aura la franchise de l'avouer hautement,
» c'est vous qui êtes, sans vous en douter, ce
» génie malfaisant; c'est vous qui, novice sans
» doute dans les grands commandemens et dans
» des circonstances difficiles, et ne connaissant
» pas le génie national, avez été obligé de don-
» ner votre confiance, et de vous livrer vous-même
» à des hommes déconsidérés qui sont eux seuls
» les véritables perturbateurs du repos de la Corse.
» S'il en était autrement, et s'ils eussent voulu de
» bonne foi le bonheur de leurs concitoyens, et
» non chercher à le troubler par votre proclama-

» tion, ils vous auraient conseillé de ne pas lais-
» ser la Corse sans chefs d'administration ; ils
» vous auraient engagé de nommer, ou un gou-
» vernement provisoire, ou des préfets et sous-
» préfets provisoires ; mais une mesure si sage et
» si impérieusement commandée par les circon-
» stances eût détruit leur influence, leur eût ôté
» les moyens d'exercer leurs vengeances particu-
» lières, de faire une réaction. Une telle mesure,
» en un mot, les eût rendus à toute leur nullité.
» Vous annoncez, dans le troisième paragra-
» phe de votre proclamation, *que le roi Joachim,*
» *ne trouvant pas de sûreté en France, s'est réfu-*
» *gié en Corse, où les lois de l'hospilite sont sa-*
» *crées,* et cependant vous fîtes marcher sur le
» Vescovato pour s'assurer de sa personne, des
» gendarmes qui ne furent rappelés qu'après avoir
» reçu et accepté le garantie du maire de Vesco-
» vato, beau-père du général Franceschetti, qui se
» rendit responsable de la conduite de ce prince.
» Cependant, lorsque, sur les menaces d'un certain
» Galloni, chef de bataillon (que vous avez depuis
» suspendu de ses fonctions par un ordre du jour,
» n°. V, comme indigne de la confiance du gouver-
» nement), de marcher sur Vescovato pour y enlever
» le roi, et lorsque, sur l'avis que vous crûtes prudent
» que sa majesté allât attendre hors de Corse les pas-
» se-ports qu'elle attendait de Paris ; lorsqu'enfin,
» pour condescendre à vos désirs et suivre un con-
» seil qu'elle crut généreux, elle s'était décidée à

» s'éloigner de l'île, et qu'en attendant que les bâ-
» timens qu'elle avait nolisés fussent prêts à met-
» tre à la voile, elle avait retenu auprès de sa per-
» sonne ses anciens officiers et soldats pour sa
» propre sûreté menacée par Galloni, vous fîtes
» mettre, il y a huit jours, l'embargo sur tous les
» bâtimens, mesure extravagante et contradictoire,
» avec la lettre que vous écrivites à M. Colonna-
» Ceccaldi. Votre quatrième paragraphe est tout-à-
» fait inexact.

» Comme on l'a dit plus haut, le roi sur les
» menaces de Galloni, et en attendant que ses
» moyens de départ fussent prêts, permit à ses an-
» ciens officiers et soldats de rester auprès de lui.
» Il était bien juste qu'il fît fournir des moyens
» d'existence aux sous-officiers et soldats, pour ne
» pas les mettre à la charge de la commune, ni à
» celle de son hôte...

» Il est faux que des compagnies aient été orga-
» nisées, que l'on se soit permis de recruter, et que
» l'on ait fait ouvertement des menaces de marcher
» sur Bastia pour s'en emparer. C'est une calomnie
» infâme de proclamer que le roi ait entretenu des
» correspondances coupables avec les habitans de
» cette ville. Pour preuve de ce qu'on avance, on
» vous défie de faire imprimer un seul mot qui
» ait été écrit par Sa Majesté, ou en son nom.

» Le maire de Vescovato n'a rien à se reprocher
» dans cette circonstance. Sa conduite, mise au
» grand jour, sera louée non-seulement de son

» gouvernement, mais de tous les hommes géné-
» reux. Il a fait son devoir en vous écrivant, n°. VI;
» vous avez été impoli et trop prudent en ne lui
» répondant pas.

» Vous eussiez sans doute agi plus sagement,
» si vous vous étiez donné la peine de vous faire
» faire un rapport exact de cette prétendue réunion
» du Vescovato, que l'on a eu l'impudence de
» faire monter à six mille hommes, et si, au lieu de
» former de nouvelles compagnies d'élite, pour
» garantir la ville de Bastia de cette attaque ima-
» ginaire, vous aviez laissé les paisibles habitans
» vaquer tranquillement à leurs occupations. Je suis
» chargé de vous déclarer ici officiellement que,
» bien loin d'avoir des intentions hostiles, le roi,
» et le peu d'officiers et soldats qu'il a auprès de
» lui, s'ils en étaient priés, sont prêts à marcher
» à son secours contre les forces ennemies qui
» voudraient l'attaquer.

» Monsieur le colonel, je crois en avoir dit assez,
» pour vous prouver que vous avez eu des torts en-
» vers le roi de Naples, en le proclamant aussi légè-
» rement et aussi indécemment le perturbateur du
» repos de la Corse. Sa majesté attend de votre
» loyauté, que vous ne rougirez pas de proclamer
» votre erreur, quand vous n'avez pas rougi de
» proclamer une infamie. Quoique sa réputation
» soit au-dessus de toute atteinte, elle n'en doit pas
» moins exiger cette réparation solennelle. Il lui
» importe trop de rassurer les braves Corses sur

» ses véritables sentimens. Le prince qui eut, dans
» tous les temps, tant d'estime pour eux, ne peut
» pas être venu en Corse pour en troubler la tran-
» quillité. Le prince qui commença à faire prépa-
» rer, huit jours après son entrée dans l'île, des
» bâtimens pour en sortir, qui vous envoya un
» officier pour vous conjurer de lever l'embargo,
» et de favoriser son départ, et qui, le jour même
» que vous faisiez imprimer votre libelle, vous fit
» déclarer par une députation de la municipalité,
» n°. IV, que, pour ne pas compromettre les habi-
» tans de Vescovato, qui étaient menacés par une
» attaque imminente de Galloni, il était prêt à
» renvoyer ses officiers et soldats, si vous vouliez
» assurer sa personne et le Vescovato contre ce
» rebelle jusqu'à l'arrivée de Paris de la réponse à
» votre rapport sur son arrivée en Corse; le prince,
» dis-je, qui vous faisait de nouveau demander une
» barque pour son départ, ne pouvait pas avoir
» conçu des projets sur la Corse, et ne pouvait avoir
» celui de troubler sa tranquillité.

» On laisse au maire de Vescovato, monsieur le
» colonel, la gloire de répondre aux inculpations
» que vous lui adressez si gratuitement. Tous les
» habitans de Vescovato, ceux des communes voi-
» sines, et toutes les personnes qui ont été pré-
» sentées à Sa Majesté des différens points de l'île,
» déclareront, s'ils en sont requis, que tous ses
» discours ont été pacifiques, et ne respiraient que
» la reconnaissance qu'elle devait avoir pour l'accueil

» amical et l'hospitalité qu'elle a trouvés chez eux.

» Monsieur le colonel, si vous êtes sincère-
» ment animé du désir de faire le bien de la
» Corse, si vous êtes un véritable serviteur de
» votre roi, vous vous empresserez de rapporter
» une mesure qui, prise trop légèrement et sous
» de faux rapports, peut troubler la tranquillité
» publique, et allumer la guerre civile dans l'île.
» Vous éloignerez des conseils perfides et déconsi-
» dérés; vous rappellerez dans votre conseil ces
» hommes qui joignent au talent et à l'expérience
» l'estime de leurs concitoyens, à une probité recon-
» nue un attachement sincère pour le chef de votre
» gouvernement; choisissez parmi ces sages un
» gouvernement provisoire; envoyez une députation
» à Paris qui fera sentir la nécessité de la mesure
» que vous avez prise, et qui en sollicitera la confir-
» mation, ou la nomination et le prompt départ d'un
» gouverneur et d'un préfet; alors, monsieur le co-
» lonel, vous aurez assuré la tranquillité de l'île;
» alors vous aurez été prévoyant et juste, vous
» aurez bien mérité des Corses; alors vous aurez
» fait votre devoir; alors il n'y aura plus de per-
» turbateurs; vous aurez fait cesser l'anarchie; vous
» aurez enfin sauvé l'île de la guerre civile.

» *A Vescovato, le 17 septembre* 1815.

» Par autorisation du roi :

» Le secrétaire de Sa Majesté,

» *Signé* SERRALONGA. »

La lettre de Serralonga fut incluse dans la présente lettre écrite au colonel Verrière, n°. **VII.**

La journée s'écoula sans que la tranquillité publique fût un seul instant altérée. Le soir, je me retirai avec le prince dans son appartement, car la nuit comme le jour j'étais toujours auprès de sa personne, à moins que je ne fusse éloigné pour le besoin de son service; il était rêveur, et les diverses émotions qui agitaient son âme se peignaient sur sa figure.

Tout à coup il me dit, d'une voix animée : « Que » je suis sensible à l'accueil, que j'ai reçu des habi- » tans d'Ajaccio! Grand Dieu! quel souvenir ils » éveillent dans mon âme! Naples et mon peuple » me sont encore présens. J'ai vu la multitude et sa » joie; j'ai entendu ses cris d'allégresse. C'était ainsi » que l'on me recevait dans ma capitale toutes les » fois que j'étais de retour de la grande-armée. »

Quelques larmes coulèrent alors de ses yeux. Il me prit les mains et les serrant avec expression, il ajouta vivement : « C'en est fait, je ne veux plus » vivre ou mourir que parmi mon peuple. Nous » verrons Naples, hâtons-nous de partir. »

Le vif intérêt que je portais à sa personne, l'attachement dont il m'honorait, tout enfin me faisait un devoir de lui parler avec la franchise d'un militaire sans reproche; je lui ouvris donc mon âme toute entière. Je désapprouvais la résolution qu'il venait de prendre; et je le suppliais d'y renoncer, ou d'attendre au moins, sans rien hasarder, le résultat du retour de M. L., n°. VIII, jeune homme intelligent, et qu'il fit expressément partir de Bastia pour aller à Naples communiquer ses intentions au général N..., et recevoir de lui, qui était incapable de le tromper, tous les renseignemens possibles, si vraiment il pouvait mettre à exécution son entreprise, ou l'abandonner totalement.

Le ciel en est témoin, raisons, larmes, prières, je n'oubliais rien pour tâcher de l'en dissuader : tantôt je lui montrais l'abîme ouvert devant les premiers pas qu'il tenterait de faire dans un royaume soumis à un autre gouvernement que le sien ; je lui representais une mort sans gloire, l'attendant au rivage, ses compagnons expirant à ses pieds, immolés à une cause désespérée ; tantôt je lui offrais le tableau plus flatteur de son épouse et ses enfans, de leur tendresse, de leurs caresses, et je tâchais d'ouvrir son cœur au délicieux espoir de cette perspective.

Il fut sourd à mes conseils ; les craintes que je cherchais à lui inspirer, et le bonheur que je lui présageais, rien ne put l'émouvoir, et j'eus la douleur de le voir persister dans son dessein. Ses moyens pécuniaires, pour une telle entreprise, étaient pour ainsi dire nuls ; ils consistaient en une somme de quatre mille francs qui m'appartenaient, mille que le chef de bataillon Poli m'avait remise pour le compte du roi, et six mille quatre cents en or, qu'il avait avec lui au Vescovato et qu'il m'avait fait compter par M. Blancard. Il avait en outre une contre-épaulette en brillant évaluée cinquante mille francs, dont il avait fait présent à ma famille, dans le moment qu'il daigna tenir sur les fonts de baptême l'un de mes enfans, avant de quitter le Vescovato, et que l'on avait eu soin de coudre dans sa ceinture avant son départ, dans l'idée que sa valeur pourrait lui devenir infiniment utile. Il s'aperçut de ce stratagème en cherchant la ganse en brillant de son chapeau, qu'il fut forcé de confier au chef de bataillon Poli, n°. IX, pour gage d'une somme de quatre-vingt-dix mille francs que cet officier avait promis de se procurer pour faciliter les préparatifs du voyage. Les efforts qu'il fit pour me faire reprendre les diamans furent sans succès ; sa fortune ne lui permettait pas une pareille générosité.

Notre départ fut fixé au 28 septembre.

Le roi avait reçu une lettre d'un officier d'ordonnance à son service nommé Macéroni, débarqué à Calvi, pour le prévenir que les puissances alliées lui avaient délivré des passe-ports. Cet officier arriva à Ajaccio le 28 vers midi. Il remit au roi un passe-port signé par sir Ch. Stuart, le prince de Schwartzemberg et le prince Metternich, ainsi que les présentes conditions signées de ce prince.

« M. Macéroni est autorisé par les présentes à pré-
» venir le roi Joachim que sa majesté l'empereur
» d'Autriche lui accordera un asile dans ses États,
» sous les conditions suivantes :

» 1°. Le roi prendra un nom de particulier ; la

» reine ayant pris celui de comtesse de Libano, on
» le propose également au roi.

» 2°. Il sera libre au roi de choisir une ville de la
» Bohème, ou de la Haute-Autriche, pour y fixer son
» séjour. S'il voulait se fixer à la campagne, cela
» ne souffrirait pas de difficultés dans ces mêmes
» provinces.

» 3°. Le roi engagera sa parole vis-à-vis de sa ma-
» jesté impériale et royale, qu'il ne quittera pas les
» États autrichiens sans le consentement exprès de
» sa dite majesté, et qu'il vivra dans l'attitude d'un
» particulier de marque, soumis aux lois en vi-
» gueur dans les États autrichiens.

» En foi de quoi, etc., etc., etc.,

» Donné à Paris, le 1ᵉʳ. septembre 1815.

» *Signé*, le prince DE METTERNICH. »

Je crus de mon devoir de féliciter le roi des passe-ports que Maceroni lui avait apportés ; il me répondit avec fierté : « Non, je ne veux pas être objet
» volontaire de triomphe à la maison d'Autriche, je
» refuse l'asile qu'elle m'offre à de pareilles condi-
» tions ; je ne verrai la reine que sur le trône de
» Naples ».

Le soir Maceroni eut l'honneur d'être admis au
dîner du roi ; pendant le repas, la conversation rou-
la sur la démission demandée par le ministre de la
police Fouché, et sur la protection qu'il s'était
adroitement procurée des alliés, afin d'engager par

ce moyen sa majesté Louis XVIII à ne pas la lui accorder.

Désirant ensuite, sa majesté, connaître les détails de la bataille de Vaterloo, Maceroni en fit le récit, et, voulant relever le sang-froid et la bravoure anglaise. Telle, dit-il, étaient la constance et l'imperturbabilité britanniques que la cavalerie française n'osa pas enfoncer un seul carré. Le roi reprit : *Eh ! je les aurais bien enfoncés, si j'eusse été de la partie.* Votre majesté aurait sans doute enfoncé les carrés autrichiens et prussiens, répondit Maceroni, mais non pas les anglais. A ces mots, le roi, avec un doux sourire : « Je m'aperçois bien, dit-il, » M. Maceroni, que vous êtes enthousiasmé de votre » nation ; j'aurais tout aussi bien enfoncé les An- » glais, comme l'Autrichien et le Prussien, et l'Eu- » rope me connaît ; mais je blâme la manière dont » la cavalerie française a été employée et sacrifiée. »

Après le dîner, le roi se retira dans son appartement. M. Maceroni le pria de lui donner un reçu de son message en réponse à la lettre qu'il lui avait écrite, en lui remettant le passe-port, afin qu'il pût le montrer au prince Metternich.

Le roi écrivit : « Monsieur Maceroni, j'ai pris » connaissance du message dont vous étiez por- » teur ; j'accepte le passe-port que vous êtes chargé » de me remettre, et je compte m'en servir pour » me rendre à la destination qui m'y est fixée. » Quant aux conditions que sa majesté impériale » et royale impose à l'offre d'un asile en Autriche,

» je me réserve de traiter cet important article dès
» que je serai réuni à ma famille.

» Je n'accepte point l'offre que me fait le capi-
» taine Bastard de disposer de la frégate de sa ma-
» jesté britannique pour me rendre à Trieste, at-
» tendu que M. Bastard m'a fait une soumission
» trop peu mesurée ces jours derniers.

» Persécuté, menacé en Corse, parce qu'on m'y
» a supposé des vues sur cette île, j'avais déjà pré-
» paré des moyens pour en partir ; je pars en effet
» cette nuit, conduisant avec plaisir mes deux va-
» lets de chambre, Charles et Armand, que vous
» m'avez amenés de Paris.

» Signé J. Napoléon. »

Les barques nolisées pour le compte du roi étaient
au nombre de six ; celle que montait le roi était
commandée par le baron Barbara, capitaine
de frégate au service de Naples ; la seconde
par le chef de bataillon Courrand, ayant sous ses
ordres le capitaine Pernice et le lieutenant Moltedo ; la troisième par le capitaine Ettore, ayant
sous ses ordres les lieutenans Rossi et Lega ; la
quatrième par le capitaine Mattei et Giacometti,
ayant à bord les lieutenans Graziani, Costa et
Marchetti ; la cinquième par le capitaine Semidei
et Medori, ayant à bord les lieutenans Reobaldi
et Battistini ; la sixième devait servir à porter les
ordres, et était commandée par le patron Cecconi.
Cette flottille, composée de barques hors d'état de te-

nir la mer, portait deux cent cinquante hommes tant militaires que marins qui nous avaient accompagnés ou rejoints à Ajaccio.

Le général Ottavij, qui était au nombre de ceux qui nous avaient rejoints, et qui avait juré de ne pas abandonner sa majesté dans une circonstance aussi critique, disparut le soir de l'embarquement, après un entretien avec Ignace Carabelli (1).

Déjà le général Ottavij, qui était venu voir le

---

(1) Ignace Carabelli fut envoyé en Corse par la police de Ferdinand IV avec des instructions secrètes ; cet homme s'associa son frère Simon, capitaine en retraite au service des Anglais. Le chef d'escadron de gendarmerie C....., de l'armée de Joachim, ayant pénétré l'objet du départ de Carabelli, de Naples, s'embarqua sous prétexte de rentrer dans sa patrie en Corse, et ils débarquèrent presqu'en même temps à Bastia, les 24 et 25 septembre. Aussitôt que cet officier eut mis pied à terre, il m'envoya à Ajaccio un exprès de confiance, pour m'instruire de l'arrivée de Carabelli et de sa mission ; il me signala en même temps les personnes qu'il avait chargées de le suivre de près pour le surveiller et s'assurer de sa personne en cas de besoin ; dans cette circonstance, il me fit remettre la lettre suivante, écrite et datée de Naples, avant son départ.

« Naples, le 19 septembre 1815. .

» Mon très-cher ami, le bruit court dans cette capitale » qu'Ignace Carabelli a eu des conférences secrètes avec le » préfet de la police de Naples, et qu'il a reçu des passe-ports ; » que, quoique forgée dans le plus profond silence du cabinet » de la police même, il en a transpiré néanmoins et assez à roi au Vescovato, s'était retiré sans prendre de congé, et sans laisser entrevoir qu'il eût l'intention de s'éloigner et se rendre à Ghisoni, son pays natal. Mais ayant appris que notre entrée à Ajaccio s'était passée tranquillement et sans trouble, il était venu justifier sa conduite, et donner au roi sa parole d'honneur qu'il l'aurait suivi partout où le sort l'aurait conduit.

Nous mîmes à la voile le 28 septembre, entre

____

» temps l'odieuse mission. J'aime à croire que Carabelli
» n'ait point trempé dans un pareil délit qui révolte tous ses
» amis et ses compatriotes ; mais il est de mon devoir, et sans
» nulle intention de l'offenser, de vous faire part de pareils
» bruits que je ne voudrais ppint voir réalisés ; à cet effet,
» on s'est procuré un passe-port sous un nom emprunté,
» dont l'ami C....., que vous connaissez, profitera pour vous
» instruire, et vous mettre en garde envers Carabelli, si
» jamais l'objet de son voyage a quelque chose de politique.
» Croyez en tout C..... qui comme moi et bien d'autres,
» sommes intéressés au salut d'un prince qui mérite à tous
» égards notre intérêt et nos services.

» Je vous écris à casse-cou, car vous vous peignez notre
» situation.

» Votre ami sincère,

« G. M. »

Le roi Joachim fut instruit de la conduite et de la mission d'Ignace et Simon, frères Carabelli, qui arrivèrent à Ajaccio le 28 septembre. Ignace seul eut une conférence avec le roi, une heure avant son départ. Le langage qu'il tint dans cette entrevue était à double sens, puisque tout en désavouant onze heures et minuit. Le roi, avant de partir, écrivit la lettre suivante pour la faire remettre à Maceroni le lendemain de son départ.

« Ajaccio, vers minuit, le 28 septembre 1815.

» M. Maceroni, envoyé par les puissances alliées
» auprès du roi Joachim ; ma première lettre écrite
» quelques heures avant, en date de ce matin, a
» été dictée par les circonstances ; mais je dois à
» moi-même, à la vérité, et à votre noble loyauté
» et bonne foi, de vous manifester mes véritables

---

le projet du roi, il l'excitait adroitement à le mettre à exécution ; tantôt il avait l'air de lui faire observer qu'il n'était pas prudent d'exposer sa personne à un élément infidèle, sur de frêles barques, dans une saison inconstante ; tantôt il lui peignait la facilité de reconquérir son royaume, disant que la population lui était entièrement dévouée, surtout dans les Calabres, s'il avait le bonheur d'échapper à la vigilance d'un nombre de bâtimens de l'état, croisant sur les côtes pour faire échouer ses projets.

Toutes ces difficultés, trop faibles pour arrêter l'ardeur du prince, ne servirent qu'à hâter son embarquement ; il le congédia en lui offrant l'intendance de Salerne, s'il voulait le suivre.

Carabelli, à son retour à Naples, après avoir été très-bien accueilli, fut proposé pour un emploi supérieur dans l'administration civile ; ensuite il a été nommé consul général de Naples à Venise, en récompense de ses services.

Le capitaine Simon, son frère, qui depuis vingt-cinq ans d'émigration se trouvait au service des Anglais, resta en Corse.

» intentions. Voici les motifs de cette seconde let-
» tre : J'apprécie la liberté au-dessus de tout autre
» bien. La captivité n'a pour moi d'autres synony-
» mes que la mort. Quel traitement puis-je atten-
» dre de ces puissances qui m'ont laissé pendant
» deux mois sous les poignards des assassins du
» Midi? J'ai sauvé la vie au marquis de Rivière ;
» il était condamné à périr sur l'échafaud ; j'obtins
» sa grâce, et il a excité contre moi les furies mar-
» seillaises, et mis ma tête à prix.

» Errant dans les bois, caché dans les monta-
» gnes, je ne dois la vie qu'à la généreuse com-
» passion que mes malheurs ont excitée dans l'âme
» de trois officiers français ; ils m'ont transporté
» en Corse au plus grand péril de leurs jours. Des
» hommes méprisables prétendent que j'ai em-
» porté de Naples de grands trésors : ces hommes
» ignorent que, lorsque ce royaume me fut donné
» en échange du grand-duché de Berg, que je
» possédais d'après un traité solennel, j'y apportai
» des richesses immenses que j'ai employées pour
» mon royaume de Naples. Le souverain qui l'a
» occupé après moi a-t-il reconnu ce pays ? et moi
» je n'ai plus le strict nécessaire, ni pour moi ni
» pour ma famille !... Je n'accepterai pas, M. Ma-
» ceroni, les conditions que vous êtes chargé de
» m'offrir. Je n'y vois qu'une abdication pure et
» simple, sous la seule condition qu'on me per-
» mettra de vivre dans un esclavage éternel, et
» sous l'action arbitraire d'un gouvernement des-

» potique. Où est ici la modération et la justice?
» Où sont les égards dus à un monarque malheu-
» reux, reconnu formellement par toute l'Europe,
» et qui, dans un moment difficile, a décidé de la
» campagne de 1814 en faveur de ces mêmes
» puissances qui l'accablent aujourd'hui du poids
» excessif de leurs persécutions?

» C'est une vérité reconnue en Europe que je
» ne me suis décidé à repousser les Autrichiens
» jusqu'au Pô, que parce qu'à force d'intrigue on
» était parvenu à me persuader qu'ils s'apprêtaient
» à m'attaquer sous l'intervention de l'Angleterre.
» Je crus nécessaire alors d'avancer mes lignes
» de défense et d'engager dans ma cause les peu-
» ples d'Italie. Personne, mieux que vous et lord
» Bentinck, ne doit être persuadé que le fatal
» mouvement de retraite du Pô eut pour motif
» cette déclaration de ce général qui se trouvait
» dans l'obligation de secourir les Autrichiens s'ils
» l'avaient demandé.

» Vous connaissez les causes qui ont occasioné
» la désertion dans ma belle armée. Les faux
» bruits habilement répandus de ma mort, ceux
» du débarquement des Anglais à Naples, la con-
» duite du général Pignatelli, la trahison de quel-
» ques officiers qui réussirent avec un art perfide
» à augmenter le désordre et le découragement en
» donnant un funeste exemple, en furent la cause.

» Il n'existe plus dans ce moment un seul in-
» dividu de cette armée qui n'ait reconnu son

» erreur. Je pars pour aller les rejoindre, car ils
» brûlent du désir de me voir à leur tête. Ils
» m'ont tous conservé leur affection ainsi que tou-
» tes les autres classes de mes sujets bien-aimés.
» Je n'ai point abdiqué; j'ai le droit de reconqué-
» rir ma couronne, si Dieu m'en donne la force
» et les moyens. Mon existence sur le trône de
» Naples ne pourrait plus être des motifs de crainte,
» car on ne pourrait plus me soupçonner de cor-
» respondre secrètement avec Napoléon qui est à
» Sainte-Hélène. L'Angleterre et l'Autriche pour-
» ront, au contraire, retirer de moi quelques avan-
» tages qu'elles espèrent en vain du Souverain
» qu'ils ont mis à ma place sur le trône de
» Naples.

» Je me livre à ces particularités, M. Maceroni,
» parce que c'est à vous que j'écris. Votre con-
» duite à mon égard, votre réputation et votre
» nom vous ont donné des droits à ma franchise
» et à mon estime.

» Lorsqu'on vous remettra cette lettre, j'aurai
» déjà fait bon chemin vers ma destination. Ou je
» réussirai, ou je terminerai mes malheurs avec
» ma vie. J'ai bravé mille et mille fois la mort en
» combattant pour ma patrie; ne me serait-il pas
» permis de la braver une fois pour moi-même?
» Je frémis seulement pour le sort de ma fa-
» mille.

« Signé JOACHIM-NAPOLÉON. »

La seconde nuit du voyage, un violent coup de vent dispersa nos petits bâtimens et nous jeta sur la côte de la Sardaigne où nous manquâmes échouer. Nous nous réunîmes à l'île déserte de Tavolara. Nous poursuivîmes notre route le 30.

Le soir du 6 octobre, nous arrivâmes à deux ou trois lieues de distance de Paola, sur les côtes de la Calabre citérieure. Barbara ayant le commandement de la flottille, ordonna l'extinction des feux afin d'ôter à l'ennemi toute espèce de soupçon sur la destination de nos petits bâtimens qui pouvaient facilement être pris pour des barques de la pêche de corail. Il prescrivit de se servir de pierres à feu pour signaler pendant la nuit, dans les bordées que nous étions obligés de courir, afin de serrer le vent qui nous chassait de la rade de Paola.

Un nouveau coup de vent nous rejeta en pleine mer et dispersa nos bâtimens.

Le 7, au point du jour, nous n'aperçûmes que la barque nº. 6, et nous entrâmes dans la rade de St. – Lucido pour y attendre le convoi. Le roi ordonna au chef de bataillon Ottaviani d'aller à terre avec un marin pour prendre des renseignemens, et ils furent arrêtés tous deux. Étant au mouillage, le roi ordonna au patron Cecconi d'aller à la découverte de nos conserves ; Cecconi partit, et ayant trouvé la barque commandée par le chef de bataillon Courrand, lui donna l'ordre de le suivre et le conduisit vers le soir au mouillage où se trouvait le roi. On demanda à Courrand des nouvelles des autres barques, à quoi il répondit qu'il ne les avait pas aperçues depuis le dernier coup de vent. On proposa de virer de bord et de doubler la pointe de Paola où nous aurions infailliblement rencontré nos barques; mais le capitaine Barbara s'y opposa en disant que le vent était contraire, et que d'ailleurs nous courrions risque d'être arrêtés par les scorridors (1) siciliens portés sur la côte, et auxquels le télégraphe nous avait déjà signalés comme suspects.

Le capitaine Pernice et le lieutenant Moltedo demandèrent la permission de quitter la barque de Courrand pour s'embarquer sur celle du roi. Leur demande ayant été accueillie, ils firent le rapport que Courrand paraissait s'être concerté avec l'équipage, et avoir l'intention de s'éloigner de la côte de la Calabre pour éviter le débarquement projeté.

Sa Majesté informée des projets de Courrand le fit appeler à son bord, et loin de lui faire connaître son indignation et sa surprise, elle lui rappela en ma présence ses bienfaits, et l'engagea à donner des marques de dévouement et de fidélité dans un pareil moment; elle lui ordonna de le suivre de près et de surveiller ceux de son équipage qui avaient l'intention de s'éloigner : « Voilà, » Courrand, » lui dit le roi, « la véritable ma-

---

(1) Barques légères armées.

» nière de servir pour me prouver votre recon-
» naissance. »

Courrand retourna à son bord en protestant au roi qu'il ferait son devoir.

J'ordonnai à Barbara de prendre à la remorque la barque que montait Courrand, sur laquelle étaient embarqués cinquante soldats, tous anciens militaires, sur lesquels le roi comptait beaucoup.

Tout étant ainsi disposé, nous continuâmes notre route. Vers minuit nous étions arrivés près d'A- mantea, et au moment où nous nous dirigions vers la terre pour débarquer, Courrand fit détacher le câble qui le tenait à la remorque, il s'éloigna, et nous ne le revîmes plus.

Cet officier, qui avait servi sept ans dans la garde du roi, eut la lâcheté de disparaître à la faveur des ténèbres et d'abandonner ainsi son Sou- verain dans un moment de détresse aussi cruel. Il fit route sur la Corse, en persuadant aux soldats qu'il avait fait constamment rester dans l'entre- pont, sous le prétexte spécieux qu'ils pouvaient être aperçus par l'ennemi, mais dans la crainte réelle qu'ils ne découvrissent sa manœuvre, que le roi avait ordonné de retourner en Corse, parce que son intention était d'aller à Trieste. Il est certain que si ces militaires eussent pu se douter de son projet, et qu'ils eussent cru à son exécu- tion, ils l'auraient infailliblement jeté à la mer. La disparition de la barque de Courrand mit le roi au désespoir. Je crus que le moment était fa-

vorable pour le détourner du projet de descendre
dans les Calabres en lui faisant les observations
que je m'étais permis de lui faire en Corse. Je
renouvelai à ce sujet les plus vives remontrances.

Le roi m'écouta quelques instans, et, après s'être
recueilli, il me dit :

« Mon projet était de revoir ma capitale et mes
» sujets, et de les soustraire à la réaction d'un
» gouvernement qui les punira d'avoir secondé
» mes efforts pour l'administration de mon royaume
» de Naples ; l'idée que tant d'hommes de mérite et
» de braves gens seront persécutés pour leurs
» opinions et leurs services, ne me laisse pas de
» repos. Le sort de mes amis me rend malheureux,
» mais je reconnais maintenant que mon entreprise
» serait téméraire ; les vents ont dispersé mes bâ-
» timens ; il ne me reste plus qu'une poignée
» d'hommes. Allons à Trieste ; j'accepte l'asile que
» le gouvernement d'Autriche m'offre dans ses
» États. »

Tant que le roi fut dans la résolution de débarquer dans les Calabres, le capitaine Barbara fit
route vers ces provinces ; quand il vit que sa majesté
avait pris le parti d'aller à Trieste, il fit entrevoir
l'impossibilité de continuer le voyage.

Il s'approcha du roi, et lui dit que l'on manquait
de vivres et d'eau, que la navigation allait être
longue, qu'il était nécessaire de mouiller dans un
port et de faire des provisions.

Le roi lui ayant fait connaître qu'il ne voulait

s'arrêter qu'à Trieste, Barbara reprit qu'il avait raison pour désirer d'arriver dans un port voisin; que, dans la saison, il était dangereux d'entrer dans la mer Adriatique avec un aussi petit bâtiment que celui que montait sa majesté.

Enfin il s'offrit à s'embarquer sur la barque n°. 6, et de relâcher au Pizzo, en assurant le roi, qu'à l'aide de son crédit il trouverait tout ce dont on aurait besoin, et à noliser un bâtiment assez fort pour continuer le voyage.

Barbara passait pour un excellent marin; il connaissait parfaitement les côtes des deux Calabres et de l'Adriatique. Le roi l'écouta, et consentit à le laisser relâcher à Pizzo; il lui fit remettre par son valet de chambre Armand une note des objets qu'il devait acheter pour les besoins de l'équipage et de sa majesté, et il ordonna en même temps de jeter à la mer un sac qui contenait cinq cents exemplaires d'une proclamation adressée aux habitans du royaume de Naples.

Au moment où l'on croyait que Barbara allait s'embarquer sur la barque n°. 6, et se diriger sur le Pizzo, il demanda au roi de lui remettre les passe-ports qu'il avait reçus des alliés, afin, dit-il, de ne pas être inquiétés par les autorités du lieu.

Sa majesté, surprise de cette demande, refusa de se dessaisir de ces pièces importantes; Barbara déclara alors qu'il ne débarquerait pas sans les avoir dans ses mains. Le refus de ce capitaine fit frémir le roi, il jeta un coup d'œil d'indignation sur cet homme, et s'écria d'une voix forte en m'appelant par mon nom :

« On refuse de m'obéir ; puisque la nécessité me
» force à prendre terre, je débarquerai moi-même,
» vous serez à mon côté ; ma mémoire ne peut pas
» être oubliée dans le royaume de Naples ; j'ai fait
» du bien à ses habitans, ils ne refuseront pas de
» me secourir. »

Ces mots furent prononcés d'un ton qui m'interdit toute représentation ; je sentais d'ailleurs qu'elle ne ferait qu'alarmer les militaires et l'équipage ; j'affectais un air calme et tranquille ; les inquiétudes dont j'étais dévoré ne parurent pas sur mon visage ; il fallait obéir, inspirer dans le danger du courage aux soldats.

Le roi ordonna à tous ses officiers de se mettre en grand uniforme. Voyant le maréchal de camp Natali en bourgeois, il lui en demanda la raison. Le général lui ayant dit qu'il n'avait point d'autre habit, cela déplut au roi qui, dans ce moment, était d'une humeur à ne ménager personne. « Ce n'est » pas, dit-il, pour me suivre dans les dangers » qu'il fallait vous embarquer en habit bourgeois. »

Le vent poussait le bâtiment vers Pizzo ; aussitôt qu'il aborda, les officiers firent un mouvement pour se lancer sur le rivage ; le roi les retint et leur dit :

« C'est à moi à descendre le premier, » et sauta à terre le 8 d'octobre vers midi, suivi de vingt-huit militaires et trois domestiques, dont les noms suivent (1). Une foule de curieux accoururent au débarquement du roi ; des marins ayant reconnu Sa Majesté, se mirent à crier : *Vive le roi Joachim!* des gens du pays s'unissant aux premiers, le roi marche rapidement, à la tête de sa petite troupe, vers la grande place dominée par le château et les maisons environnantes.

Le bruit de l'arrivée du roi y avait déjà attiré une partie de la population. Des canonniers garde-côtes, au nombre de quinze, nous ayant aperçus, sortirent de leur corps-de-garde armés, portant l'uniforme du roi Joachim. Sa Majesté les ayant aperçus, s'écria : « Voilà mes soldats ; » et, suivi des siens, il se présente devant eux : « Reconnais-

---

(1) *Noms de ceux qui débarquèrent au Pizzo avec le roi Joachim.*

Franceschetti, général.		Giulio,	sergent.
Natali, maréchal de camp.		Cattaneo,	soldat.
Calvani, comm^{re}. des guerres.		Battistini,	*idem.*
Lanfranchi, capitaine.		Angeli,	*idem.*
Biciani,	*idem.*	Serelli,	*idem.*
Pernice,	*idem.*	Bastiano,	*idem.*
Pascalini, lieutenant.		Varesi,	*idem.*
Moltedo,	*idem.*	Santoni,	*idem.*
Pellegrini,	*idem.*	Lavazari,	*idem.*
Franceschi,	sergent.	Tedeschi,	*idem.*
Perrelli,	*idem.*	Armand, valet de chambre du	
Tortazoli,	*idem.*	roi.	
Spadano,	*idem.*	Poggi, *idem.*	
Santoni.	*idem.*	Ferrari, son cuisinier.	
Casabianca,	*idem.*	Charles, 1er. valet de chambre,	
Giovannini,	*idem.*	resta malade à bord.	

4.

sez votre roi, » leur dit-il. Cinq lui répondirent qu'ils le reconnaissaient, et lui offrirent leurs services, ainsi que ceux de leurs camarades. Plusieurs habitans de Pizzo, présens à cet entretien, nous regardaient avec des physionomies qui dépeignaient à la fois et l'étonnement dont ils étaient frappés, et les passions qui les animaient; dans un moment nous les vîmes disparaître. Le roi adressa la parole à d'autres bourgeois qui, immobiles de stupeur le regardaient avec des yeux égarés. Deux jeunes gens, sans doute des environs de Monteleone, dirent vivement au roi : « Sire, quittez le Pizzo; vous êtes environné d'ennemis, ne perdez plus de temps; vous êtes sur le chemin qui conduit à Monteleone, nous vous servirons de guide; vous êtes sauvé si vous avez le bonheur de quitter cette place.

Le roi ordonna aux canonniers de le suivre. On sortit du Pizzo en gravissant la montagne qui conduit sur la route de Monteleone; nous marchâmes si vite, que Sa Majesté, qui depuis douze jours n'avait pas fait d'exercice, avait été tellement gênée sur la barque, qu'à peine elle pouvait allonger ses pieds, se trouva indisposée, et s'arrêta pour prendre haleine.

Au moment où nous nous remettions en route, deux canonniers arrivèrent. Le roi leur demanda où étaient leurs camarades, ils répondirent qu'ils suivaient; à cette réponse il quitte le chemin de Monteleone pour gagner un champ d'oliviers d'où l'on découvrait toute la route qui conduit au Pizzo. Il aperçut en effet les canonniers qui gravissaient la montagne, mais bien lentement. Il m'appela pour me faire cette remarque, et me dit qu'il voulait les attendre. Je lui fis observer que l'on apercevait parmi eux beaucoup de paysans armés qui cherchaient à les devancer, et que d'autres les suivaient de près. Les deux guides affirmèrent que si l'on différait plus long-temps de s'éloigner, les habitans de Pizzo auraient le temps de nous rejoindre ; ils supplièrent de nouveau le roi de se mettre en marche, et de se diriger de suite sur Monteleone où il trouverait des sujets dévoués.

Le roi persista dans la résolution qu'il avait prise d'attendre les canonniers, persuadé qu'ils allaient se réunir à sa troupe, et ne pas le quitter. On se permit de lui faire d'autres observations auxquelles il répondit qu'il voulait être obéi.

A l'instant même où il cessait de parler, nous vîmes sur l'autre côté de la route des paysans qui s'approchaient de nous à grands pas, et les canonniers, qui au lieu de se porter sur la droite du chemin où était le roi, se jetèrent à gauche.

On supplia de nouveau le roi de ne pas perdre de temps pour gagner la route de Monteleone ; les guides menacèrent de nous quitter si on ne les suivait pas.

Alors le roi, n'écoutant plus que sa valeur, sortit de nos rangs, et se précipita à la rencontre des paysans :

« Mes enfans, leur dit-il, ne vous armez pas
» contre votre ancien souverain; je ne suis pas dé-
» barqué dans les Calabres pour vous faire du mal;
» je ne veux que demander des secours aux auto-
» rités de Monteleone pour continuer mon voyage
» jusqu'à Trieste, où je dois rejoindre ma famille :
» si vous m'eussiez donné le temps de m'expliquer
» sur la place du Pizzo, vous auriez appris que j'ai
» des passe-ports que le roi Ferdinand même doit
» respecter. »

Trenta Capilli (1), qui venait d'arriver, engagea Sa Majesté à entrer sur le chemin, et s'offrit
de le conduire à Monteleone. Cet individu, décoré
et habillé en colonel (2) de gendarmerie du roi
Joachim, trompa Sa Majesté qui le prit pour l'un
de ses anciens colonels; dans cette persuasion le
roi se rendit sur le chemin; nous cherchâmes à le
retenir, craignant qu'il fût massacré ou fait prisonnier; mais il objecta qu'un colonel de son armée
était incapable d'une action contraire à l'honneur.
Il nous quitta brusquement, nous laissant désespé-

(1) Trenta Capilli avait été chef de masses, pendant les
troubles qui désolèrent les Calabres. Le général Manes qui
commandait ces provinces, avait fait pendre trois de ses
frères.

(2) Au service de Naples, sous le roi Ferdinand, les capitaines portent les marques distinctives de colonel français ;
les officiers supérieurs ne portent pas d'épaulettes, et ne sont
distingués que par de petits galons sur la manche et le collet
de l'habit.

rés de sa confiance, et de le voir au milieu de ses ennemis.

Le mal était fait, et on ne pouvait plus y porter remède. Je suivis le roi, ainsi que le général Natali, et Armand, valet de chambre de Sa Majesté; les officiers et soldats restèrent à leurs places au haut de la colline, pour tenir en respect le peuple du Pizzo, prêt à tirer sur nous. Je jugeais inutile que le roi continuât à parler aux paysans, et, m'approchant de Trenta Capilli, je le sommai de me dire qui il était : « Je suis, » me répondit-il, « le capitaine de gendarmerie Trenta Capilli; et il ajouta, « le roi, et vous, vous allez me suivre au » Pizzo. »

Le roi reconnut alors, mais trop tard, qu'il s'était abusé. Sans perdre un instant, je me place devant lui, et le couvre de ma personne avec un pistolet armé, et, décidé à le décharger sur la tête de Trenta Capilli, je le menaçai de le tuer s'il hésitait un instant à mettre le roi en liberté. Trenta Capilli fut forcé de céder. Ses hommes, qui avaient entouré le roi, le quittèrent aussitôt pour se jeter sur moi; le roi profita de cette circonstance pour s'échapper, et rejoindre sa petite troupe. J'aurais pu me défaire de Trenta Capilli, mais dans ce cas le roi aurait été massacré à l'instant. Je me défendis de mon mieux contre la multitude qui m'environnait, et j'eus le bonheur de rejoindre le roi. Je l'atteignis au moment où il était indécis sur le parti qu'il devait prendre; je lui proposai d'attaquer les gens du Pizzo, de gagner la montagne, ou de périr les armes à la main.

Le roi, dont le courage ne s'est jamais démenti, et qui devait sentir son sang bouillonner, me défendit de faire décharger un seul coup de fusil :

« Je ne veux pas, me dit-il, que mon débarque-
» ment coûte la vie à aucun de mes sujets. »

Mais déjà on tirait sur nous de tous côtés ; ne pouvant nous défendre, nous fûmes cernés ; le roi était de nouveau au moment de tomber au pouvoir de l'ennemi. Alors tous les officiers se précipitèrent autour de lui ; nous l'arrachâmes des mains qui allaient le saisir, et nous nous frayâmes un chemin à travers mille dangers, en laissant les soldats aux prises avec les paysans.

Tout cède devant nous, et malgré les décharges de la multitude accourue, nous parvînmes au bord de la mer. Là, nous saisîmes une barque que nous trouvâmes par hasard sur le rivage, et ayant placé le roi, nous fîmes de vains efforts pour la lancer à la mer ; nous avions l'espoir de rejoindre la barque qui nous avait mis à terre, dans laquelle se trouvait le capitaine Barbara ; mais ce malheureux s'était éloigné du rivage, malgré les ordres qu'il avait reçus du roi de se tenir pendant une heure à la portée de deux coups de fusil de terre, et de se diriger ensuite sur la Madraga de Bivone, avec la barque n°. 6, commandée par le patron Cecconi.

S'il eût exécuté les ordres, ou qu'il eût tourné contre l'attroupement une pièce de 4 qu'il avait sur son bord, il se serait dissipé, ou du moins en partie, et cette manœuvre aurait probablement facilité l'embarquement du roi.

La foule était prête à l'accabler, nous prodiguâmes tous nos soins, et exposâmes notre existence pour le garantir des coups qu'on lui portait avec toutes sortes d'armes, et pendant que les assassins cherchaient à le frapper, il nous criait :

« Mes enfans, cessez d'opposer vos faibles efforts » pour me défendre. »

En achevant ces mots, il offrit son épée à ses ennemis :

« Gens du Pizzo, leur dit-il, prenez cette épée » qui s'est montrée avec gloire dans les armées et » et qui a combattu pour votre patrie, je vous la » donne, mais épargnez la vie des braves qui m'en- » tourent. »

Les lâches furieux redoublèrent leurs coups : le roi vit mourir à ses côtés le capitaine Pernice et le sergent Giovannini ; j'étais tombé blessé à ses pieds, ainsi que les capitaines Lanfranchi et Biciani, le lieutenant Pasqualini, son valet de chambre Armand, et le sergent Franceschi ; tous les soldats qui étaient restés au haut de la montagne, avec le commissaire de guerre Galvani, dangereusement blessé, avaient été terrassés.

Nous succombâmes, et fûmes faits prisonniers ; on se mit en devoir de nous conduire, ou plutôt de nous traîner dans les prisons du Pizzo.

Le roi était en proie aux mauvais traitemens des

gens qui l'avaient saisi. Il n'avait plus la force de se soutenir. Il n'avançait que d'un pas lent et bien difficilement.

Costumé et décoré à peu près de la même manière que lui, je marchais environ quinze pas en avant. Tout à coup un homme tenant à la main une hache, suivi d'une trentaine d'individus armés de différentes manières, s'avance, et me désignant ainsi que le roi, demanda lequel des deux était Joachim. Malgré l'état d'anéantissement dans lequel j'étais tombé, je trouvai cependant assez de force pour m'écrier : « C'est moi ! le général qui me suit n'est point coupable, épargnez-le. »

Aussitôt la hache est levée sur ma tête prête à terminer mes jours ; les gens qui me conduisaient et qui jusqu'à ce moment m'avaient laissé maltraiter, écartèrent alors le coup qui aurait mis fin aux peines cruelles que j'éprouvais, en s'écriant : nous ne permettrons jamais une chose pareille.

Aussitôt l'individu qui venait de me menacer, tonrne ses pas et se dirige vers le roi. Nos regards suivent ses mouvemens ; le dessein qu'on lui suppose nous fit frémir. Je supplie alors ceux qui venaient de me sauver d'aller sauver le roi. Ils me répondirent qu'il était en ce moment bien entouré, et qu'il n'y avait rien à craindre pour lui ; en effet, des cris qui se firent entendre, me prouvèrent que l'on veillait sur l'homme armé de sa hache et sur ses compagnons.

Nous fûmes jetés dans un cachot. Le roi s'assit,

ses officiers l'entourèrent sans mot dire, et les soldats qui avaient aussi été faits prisonniers et conduits dans notre prison, se couchèrent sur la terre pêle-mêle, frémissant de colère, et se plaignant, quoique avec respect, d'avoir été dans l'impossibilité de faire feu sur leurs ennemis et de mourir les armes à la main, en défendant leur maître. Le roi fut dépouillé ; Trenta Capilli s'empara de vive force de ses passe-ports, de ses brillans, de l'argent qu'il avait sur lui et d'une lettre de crédit de soixante mille francs de revenu, qu'il avait sur une maison de banque de Naples; l'on saisit sur lui un exemplaire de la proclamation (1)

---

(1) PROCLAMATION.

« Joachim Napoléon, Roi des Deux-Siciles, à ses fidèles
» sujets :

» Braves Napolitains,

» Votre roi vous est rendu, il se trouve au milieu de vous ;
» ses peines et les vôtres sont terminées. Votre roi, en vous
» annonçant son retour, ne vous parle pas de pardon......
» vous ne l'avez jamais offensé.....; mais il renouvelle à ses
» fidèles sujets le serment qu'il leur fit de les rendre heureux.
» Il ne sera jamais parjure, et son cœur que vous connaissez
» si bien, et votre fidélité constante, vous garantissent que
» ses promesses ne sont point dissimulées, et qu'elles ne diffè-
» rent pas, pour quelques instans (comme Ferdinand), l'époque
» de la vengeance.

» Je vivais solitaire dans un de ces modestes asiles que l'on jetée à la mer, conservée sans doute par oubli parmi ses papiers, que le ministre de la police Medici fit insérer ensuite dans son rapport. Le tout fut envoyé à Naples à sa majesté Ferdinand IV.

L'obscurité de la prison, le sang dont nous étions couverts, les soupirs qui de temps en temps s'échappaient, donnèrent à cette scène une horreur dont le souvenir fait encore dresser les cheveux sur ma tête; le silence qui régnait parmi nous était souvent interrompu par les cris féroces des habitans qui menaçaient l'existence du roi, et ces menaces, plus encore que le sort qui nous était

----

» est toujours sûr de trouver chez les pauvres vertueux. Là,
» je méprisais le poignard des assassins, de ces canibales qui
» dans toutes les époques de la révolution française se sont
» baignés dans le sang de leurs concitoyens.

» J'étais déterminé à attendre dans ma retraite la fin de
» cette fièvre contre-révolutionnaire qui dévore la France, pour
» tenter la conquête de mes États, et pour venir chercher
» dans vos cœurs un asile contre mes disgrâces et contre la
» persécution la plus inouïe et la plus injuste, quand je
» fus forcé de m'éloigner. Il me serait impossible d'exprimer
» quelle fut mon indignation, en lisant la lettre écrite par
» Ferdinand au lieutenant feld-maréchal baron Bianchi. Je
» ne pouvais souffrir que ce prince, qui s'intitulait roi et père
» des bons Napolitains, consacrât par un monument solennel
» le déshonneur national.

» Je ne permettrai pas qu'il appele bandes ennemies cette
» armée composée de la fleur de toutes les classes de la na-

réservé, nous accablaient de douleur et de désespoir.

Le roi, malgré ces imprécations et ces menaces, était au-dessus de ses malheurs. Il ne cessait de

---

» tion ; cette armée de braves dont j'ai été le créateur et le
» chef ; cette armée qui avait donné tant de preuves de cou-
» rage et de fidélité, qui s'était couverte de gloire, qui avait
» élevé la nation napolitaine au rang des nations, et qui ne
» dut ses derniers revers qu'aux proclamations ennemies (pro-
» voquant à la désertion) et aux récits mensongers que l'on
» s'était plu à répandre de la mort de son roi.

» Alors je m'armai de nouveau de tout mon courage. Je
» me jette dans une simple barque de pêcheurs, et je débar-
» quai en Corse où je trouvai l'hospitalité et les offres de
» service de tous ces braves qui avaient fait partie de l'armée
» Napolitaine.

» Certain de l'amour de mes peuples et plein de satisfac-
» tion en les rappelant à ma mémoire, j'ai formé et exécuté
» le projet de reconquérir mes États, et de venger l'affront
» fait à la nation.

» Soldats et citoyens, vous tous qui possédez un cœur
» noble, et qui êtes animés des sentimens du patriotisme,
» réunissez-vous à votre roi. L'offense est commune, ven-
» geons-nous. Le prince qui appele bande ennemie les soldats
» Napolitains, insulte la nation entière.

» Il a perdu tous ses droits au trône, et Ferdinand a pro-
» noncé son abdication dans la lettre qu'il a écrite au baron
» Bianchi.

» Oui, braves et chers Napolitains, nous sommes offensés ;
» et si l'offense est générale pour tous, vous devez tous vous
» réunir à votre roi, pour éloigner de votre territoire un
» prince qui a aussi souvent oublié qu'il a prononcé tant de

consoler sa troupe, de l'engager à la résignation.
« Pardonnons, disait-il, à la population du Pizzo,
» elle est aveuglée par les tigres qui la font agir,
» plaignons-la de se déshonorer en présence de la

» fois la promesse d'un pardon, et qui s'est constamment
» montré animé du désir de se venger.

 . » Que le palais de Casalanza, que ce monument que Ferdi-
» nand voudrait ériger au déshonneur national, soit détruit
» jusque dans ses fondemens, et que, sur ses ruines, on élève
» une colonne qui porte une inscription qui annoncera à la
» génération présente et à la postérité la plus reculée, que
» dans ce même endroit, l'armée nationale, après avoir
» remporté des victoires signalées, ne pouvant résister au
» nombre de ses ennemis, fut contrainte à souscrire une
» paix honorable, et que Ferdinand, pour avoir érigé ce bien
» en fief du royaume, comme un monument de déshonneur
» national, et pour avoir qualifié du titre de bandes ennemies
» l'armée nationale, a été déclaré par la nation napolitaine
» indigne de gouverner, et a perdu pour toujours le trône.

 » Oui, la nation est offensée ; quel est le Napolitain qui
» voudrait à l'avenir se qualifier de tel, et qui oserait se
» montrer en public? Aux armes ! Aux armes ! Que la nation
» se lève en masse ; que tous vrais Napolitains, qui conser-
» vent des sentimens d'honneur, accourent dans le camp ; que
» les légions provinciales se réunissent ; que l'armée se réor-
» ganise ! que mes soldats rejoignent leurs drapeaux ; que la
» brave et fidèle garde de sûreté de ma bonne ville de Naples
» sauve une autre fois ma capitale.

 » Mon palais royal, toutes les personnes et toutes les pro-
» priétés de cette immense ville sont sous sa sauvegarde ; que
» les braves et fidèles Calabrois, que les peuples de la Basilicate,
» de la province de Salerne et d'Avellino, que les braves

» nation napolitaine pour le bonheur de laquelle
» j'ai fait tant de sacrifices..... »
Nous passâmes le reste de la journée gardés par

» Samnites, que les peuples de la Pouille et de la terre de
» Labour, qui m'ont toujours donné tant de preuves d'atta-
» chement, se réunissent à leur roi, à leur général; que
» Ferdinand soit contraint d'abandonnner une nation qu'il
» a si indignement outragée; qu'il rentre dans l'île de Sicile.
» Marchons pour délivrer la capitale, et sous la double en-
» seigne de la croix et de la liberté, délivrons notre patrie et
» assurons pour toujours son bonheur et son indépendance!
» Fidèles et courageux Napolitains, ne craignez pas que les
» puissances alliées s'arment de nouveau contre votre roi;
» votre Joachim n'a jamais abdiqué; un échec militaire n'a
» pu lui faire perdre ses droits à la couronne de Naples. En
» reconquérant son trône, il ne fait qu'imiter l'exemple des
» souverains qui ont aussi reconquis les leurs.

» La reine et la famille royale vous seront rendus; votre
» roi, loin d'inspirer à l'avenir des craintes à ses voisins, sera
» leur meilleur ami. L'empereur d'Autriche qui, trompé sur
» la vraie politique du cabinet de Naples, et croyant que votre
» Joachim fut d'intelligence avec Napoléon, lui a fait une
» guerre aussi fatale, deviendra une autre fois son allié, n'en
» doutez pas.

» Votre roi ne doit plus vous inspirer aucun sujet de
» crainte; on ne peut plus lui supposer de projets d'agrandis-
» sement, ni sur les états du Pape, ni sur le reste de l'Italie;
» les autres souverains de l'Europe n'ont aucun intérêt à se
» déclarer ses ennemis. Ce serait un outrage à la loyauté
» du cabinet britannique de supposer qu'il ne cherchera pas
» à réparer le mal qu'il nous a fait, en déclarant et en nous
» faisant la guerre, quand, d'après nos conventions, les hosti-

ces misérables qui ne cessèrent d'agiter leurs poignards et de demander à nous immoler à leur férocité. Je dois cependant à la vérité de déclarer

---

» lités n'auraient dû commencer que trois mois après la dé-
» nonciation de la fin de l'armistice.

» Nous déclarons à l'Europe entière que nous devons les
» tristes résultats de la guerre au système invariable que
» nous avions irrévocablement adopté de nous maintenir en
» paix avec l'Angleterre. Nous ne commençâmes notre retraite
» qu'après avoir reçu une lettre de lord Bentinck, sous la
» date de Gênes, dans laquelle il nous déclarait que Naples
» étant en guerre avec l'Autriche, il se voyait dans la néces-
» sité d'agir contre nous avec ses forces de terre et de mer,
» s'il en était requis par le général en chef autrichien.

» Il lui fut répondu que ne voulant pas être en guerre
» avec l'Angleterre, j'ordonnais la cessation des hostilités, et
» que je me retirais sur mes frontières.

» Le général anglais était invité à faire connaître cette dé-
» termination au général en chef autrichien ; il fut surtout
» instamment prié d'employer son intervention auprès de
» M. le maréchal comte de Bellegarde, pour qu'il fît cesser, de
» son côté, les hostilités et qu'il acceptât un armistice que je
» me disposais à lui proposer.

» En effet, je fis sur-le-champ commencer ma retraite ;
» l'armistice ne fut pas accepté, et nous osons le dire, sans
» craindre d'être démenti, comme nous l'avons déjà dit,
» nous ne devons nos revers qu'à cette retraite volontaire. Il
» est en effet incontestable que l'armée autrichienne ne nous
» aurait jamais attaqué dans nos anciennes positions, et que le
» cabinet autrichien, convaincu que nous ne les avions prises
» que pour agir de concert avec son armée, aurait été le
» premier à faire cesser les hostilités, et à conserver une al-

qu'au milieu de tant de gens acharnés contre la personne du roi, il s'en trouvait qui laissaient entrevoir le chagrin qu'ils éprouvaient de le voir dans

---

» liance si naturelle entre l'Autriche et Naples. Que la con-
» fiance renaisse, des jours plus sereins reluiront de nouveau
» sur nous.

» Votre roi mettra en exécution, dans le sein de la paix, les
» projets qu'il avait conçus et entrepris pendant la guerre.
» Les travaux publics, déjà suspendus, seront suivis avec vi-
» gueur, et toutes les branches de l'administration, qui lan-
» guissent déjà, reprendront toute leur activité; les appoin-
» temens, la solde de toute l'armée et de tous les employés
» civils et militaires seront mis au courant.

» Que tous les fonctionnaires destitués depuis le 21 mai
» reprennent leurs fonctions, et que les titulaires qui avaient
» obtenu, en récompense de leurs services, des dotations,
» des donations dont ils auraient été dépouillés, rentrent en
» jouissance de leurs propriétés; que tous les fonctionnaires
» publics nommés par Ferdinand, depuis le 21 mai, cessent
» leurs fonctions; en un mot, que tout rentre dans l'État tel
» qu'il était quand j'ai quitté mon royaume.

» Donné à......., le...... octobre 1815.

» J. NAPOLÉON. »

« JOACHIM NAPOLÉON, ROI DES DEUX-SICILES; nous avons dé-
» crété et décretons ce qui suit:

» Art. 1ᵉʳ. La constitution aura son exécution à compter
» du 1ᵉʳ. janvier 1816.

» Des dispositions seront prises pour la prompte réunion à
» Naples, du parlement et de la chambre des communes. Les

une telle situation. Alcalas, le chargé d'affaires du
duc de l'Infantado, se fit surtout remarquer par
les soins qu'il nous prodigua, en envoyant à sa

» membres du parlement et de la chambre des communes
» s'assembleront à......... : aussitôt après avoir été avertis de
» notre débarquement, ils recevront l'ordre de convocation.

» Art. 2. Tous les employés, destitués depuis le 2 1 mai de
» la présente année, rentreront sur-le-champ dans l'exercice
» de leurs fonctions.

» Art. 3. Tout individu, employé par Ferdinand depuis
» l'époque susdite, cessera ses fonctions du jour de la publi-
» cation du présent décret, et de la nouvelle de notre débar-
» quement. Ceux qui, après cette publication et cette nouvelle,
» s'obstineraient à exercer leurs emplois et à donner quelques
» dispositions que ce soit, seront regardés comme rebelles,
» traîtres à la patrie, et comme tels seront punis avec toute
» la rigueur des lois.

» Art. 4. Tout ministre de Ferdinand, tout employé qui,
» après la publication du présent décret et de la nouvelle de
» notre débarquement, s'obstinera à conserver le pouvoir et
» à faire exécuter les ordres de son souverain, ordonner des
» mesures et faire quelques dispositions que ce soit tendant à
» empêcher l'exécution de nos ordres, sera déclaré rebelle,
» provocateur à la guerre civile, traître à sa patrie et au
» roi, mis hors de la loi et jugé comme tel. Il est ordonné à
» tout bon Napolitain de s'assurer de sa personne et de la
» remettre à la force publique.

» Art. 5. Tout fonctionnaire qui, après nous avoir prêté
» serment de fidélité, continuera ses fonctions au nom de
» Ferdinand, sera déclaré parjure et perdra pour toujours son
» emploi.

» Art. 6. Tous nos ministres, nos conseillers d'état, à la

majesté son dîné, et en prodiguant aux officiers et aux soldats des vêtemens de toute nature et des rafraîchissemens dont nous avions le plus grand be-

---

» publication du présent décret, et de la nouvelle de notre
» débarquement, rentreront dans l'exercice de leurs fonctions.

» Art. 7. Tous les grands officiers de notre couronne, tous les
» officiers civils et militaires de notre maison royale, rentreront
» sur-le-champ dans l'exercice de leurs charges.

» Art. 8. L'ancienne organisation de l'armée est maintenue ;
» néanmoins les n°s. 11 et 12 de l'arme de l'infanterie sont
» provisoirement supprimés , comme étant composés de sol-
» dats étrangers. Les officiers de ces deux régimens seront
» employés dans les autres corps en remplacement des officiers
» étrangers qui ont dû abandonner le royaume.

» Tout militaire, quel que soit son grade, qui a demandé
» sa démission ou qui l'a reçue sans l'avoir demandée, est re-
» mis en activité. Toutes les promotions faites, de même que
» les récompenses que nous avons accordées penda. 'a der-
» nière campagne, sont conservées ; nous nous réservons de
» statuer définitivement sur celle que Ferdinand aura accor-
» dées depuis le 21 mai.

» Art. 9. Le régiment suisse est conservé tel qu'il est pré-
» sentement organisé.

» Art. 10. Les militaires qui ont obtenu des récompenses
» sur les domaines de la Marche d'Ancône, en recevront l'é-
» quivalent sur ceux de l'état.

» Art. 11. Ceux de nos sujets, qui, en récompense. eleurs
» services, auraient obtenu des dotations, des titres, des dona-
» tions, et qui en auraient été dépouillés, rentreront en jouis-
» sance de leurs propriétés.

» Art. 12. La brave et fidèle garde de sûreté de notre bonne
« ville de Naples est maintenue ; elle continuera à faire le

soin ; il fit porter à sa majesté tout le linge et les vêtemens dont elle avait besoin.

Le soir, un capitaine des troupes de ligne,

» même service qu'elle faisait à l'époque du 21 mai ; nous décla-
» rons gardes-du-corps les fidèles officiers de la garde de sûreté.

» Art. 13. Nos maisons royales de Naples et de Portici, le
» musée royal et tous les établissemens publics, de même que
» les personnes et les propriétés de nos bons Napolitains sont
» sous la sauve-garde et sous la protection spéciale de la garde
» de sûreté.

» Art. 14. Toutes nos propriétés sont sous la garde immédiate
» de nos grands officiers, chacun dans la partie qui le concerne.

» Notre premier écuyer, et tous nos écuyers en l'absence
» du grand écuyer, conserveront les chevaux, les équipages
» et les carrosses du roi.

» La garde de sûreté leur prêtera main-forte en cas de be-
» soin , de même qu'à nos grands officiers.

» Art. 15. Toutes les caisses publiques seront fermées au
» moment de la publication du présent décret, ou de la nou-
» velle de notre débarquement. Tous les employés du trésor
» royal, ceux de la banque, de la caisse d'amortissement, des
» receveurs-généraux ou particuliers, de la loterie, des douanes
» et des droits réservés d'octroi, et ceux de la liste civile ,
» sont responsables de tous les fonds qui sortiront de leurs
» caisses respectives après la publication du présent décret,
» ou de la nouvelle de notre débarquement.

» Toute opération de rente et toute caisse d'icelle sont
» provisoirement suspendues.

» Art. 16. Tous nos vaisseaux, frégates, en un mot tout bâti-
» ment armé ou non armé , l'arsenal et l'artillerie de marine,
» sont sous la sauve-garde et sous la responsabilité du corps
» de la marine; les arsenaux de terre et les armes qu'ils con-

nommé Stratti, d'origine grecque, arriva au Pizzo avec quarante hommes; il éloigna les assassins et prit possession du château dans lequel nous étions détenus, et nous fit respecter. Dans la même nuit, le général Nunziante, au service du roi Ferdinand, se présenta au roi Joachim, comme commandant les deux Calabres. Il le salua avec respect, désapprouva la conduite atroce des habitans du Pizzo; mais il lui dit que, jusqu'au lendemain, il était forcé de le laisser avec sa troupe dans la même prison, parce que le peuple menaçait encore ses jours; et qu'il était responsable de sa personne, vis-à-vis de son souverain et des troupes alliées; mais qu'il

---

» tiennent sont placés sous la sauve garde du commandant en » chef de l'artillerie.

» Art. 17. Les chefs de la légion provinciale sont nommés » commandans de leurs provinces respectives, excepté celle de » Naples qui aura son gouvernement particulier. Ils réuniront » sur-le-champ leurs légions, dans le district le plus voisin de » la capitale, et ils auront la haute police, jusqu'à notre en- » trée dans notre bonne ville de Naples; ils sont spécialement » chargés de l'exécution provisoire des art. 2, 3, 4 et 5.

» Art. 18. Tous nos aides-de-camp et officiers d'ordonnance » qui se trouvent dans le royaume, se rendront sur-le-champ » auprès de notre personne, à notre quartier-général.

» Art. 19. Tous nos sujets, tous ceux qui sont vrais napoli- » tains, les vrais amis du roi, sont autorisés à se décorer de la » médaille d'honneur, la couleur amaranthe étant déclarée » couleur nationale.

» Les dames napolitaines et celles du royaume sont invitées » à se décorer de cette couleur.

obtiendrait tout ce que l'on pourrait lui accorder,
Il ajouta qu'il était fidèle à son prince, mais en
même temps sensible au malheur ; il sortit. Des
matelas et des couvertures nous furent envoyés.

Nous passâmes le reste de la nuit obsédés d'angoisses et de tourmens, gardés par des factionnaires qui criaient de quart d'heure en quart
d'heure, comme dans une ville assiégée.

Enfin le jour parut ; c'était le 9 octobre ; un
chirurgien pansa nos blessures qui , quoique
graves , n'étaient pas mortelles ; les coups que nous

» Art. 20. Toutes les sociétés patriotiques du royaume sont
» sous la protection de notre gouvernement.
> » Donné à . . . . . le . . . . . octobre 1815.
> » J. Napoléon. »

Nota. Ce décret, qui devait être de trente-six articles , fut
réduit à vingt ; ceux qui furent supprimés n'avaient de rapport
qu'aux premières charges du royaume ; ainsi le général Carascosa devait avoir le portefeuille de la guerre , le général Colletta celui de la police , le duc de Corigliano était nommé ministre de l'intérieur, et le général Filangeri , commandant de
la place de Naples ; les généraux d'Ambrosio , Arcoito , Pepe ,
Rosaroli , Degennaro , Ottavii, etc. , etc. , etc. , étaient aussi
désignés dans ce décret , pour les commandemens de diverses
provinces ; mais ces articles n'eurent pas lieu , d'après l'observation que l'on fit au roi Joachim que les sujets susnommés
lui étant dévoués et demeurant presque tous dans la ville de
Naples , le roi Ferdinand les mettrait hors d'état d'agir en
sa faveur , aussitôt qu'il en serait instruit.

avions reçus étaient plus douloureux que les plaies des armes qui nous avaient atteints.

Nunziante se présenta de nouveau, mais avec un air embarrassé; il fit mettre les soldats dans un autre cachot, et transporter dans une chambre en ville, gardé par deux factionnaires, le commissaire Galvani, que la violence de ses blessures avait rendu insupportable; il pria le roi de patienter encore vingt-quatre heures. La journée s'écoula dans l'attente des événemens. Le 10 au matin Nunziante annonça au roi qu'une chambre lui était préparée, et il me dit, ainsi qu'à Natali, que nous pouvions suivre sa majesté, et pour lors nous fûmes séparés des officiers.

Dans le courant de la journée, nous apprîmes, par un officier de garde, que la veille on avait laissé sa majesté dans le cachot, parce que les paysans des environs de Montéleone étaient accourus au Pizzo, sous le prétexe d'offrir leurs bras à Nunziante, mais dans l'intention d'enlever le roi. Que la connaissance de ce projet avait fait mettre des pièces de campagne en batterie sur la place, et devant la garde du château; que le général Nunziante avait échelonné les troupes, et menacé ces paysans de faire feu sur eux s'ils ne retournaient de suite dans leurs villages. Que les montagnards, voyant leur entreprise manquée, s'étaient retirés pendant la nuit.

Nunziante avait fait préparer le déjeuner dans une chambre voisine à celle du roi. Il vint prendre sa majesté qui trouva une table servie. Plusieurs officiers siciliens déjeunèrent avec le roi dans un morne silence. Ils étaient véritablement émus en voyant devant eux, et dans les fers, celui qui, quatre mois auparavant, était le souverain légitime de Naples. Ce changement de fortune dut les faire réfléchir sur les vicissitudes humaines ; on ne pouvait en effet envisager ce malheureux prince sans éprouver de l'intérêt et du respect pour sa personne.

Le déjeuner fut bientôt achevé, le roi se retira dans sa chambre, et les soldats siciliens placés en faction sur son passage lui présentèrent les armes de leur propre mouvement.

Dans le courant de la journée le roi écrivit à la reine son épouse, au général en chef commandant les troupes autrichiennes à Naples, et à l'ambassadeur d'Angleterre, pour les informer de son débarquement, et de son arrestation au Pizzo.

Ses lettres furent envoyées au roi Ferdinand qui ne jugea à propos de les faire remettre qu'après l'exécution des ordres qu'il avait donnés pour que le prince fût mis à mort....

Il craignit sans doute que les ministres des puissances alliées, accrédités près de lui, ne s'opposassent à l'exécution de ses ordres.

Le roi dîna dans sa chambre, ainsi que les jours suivans, avec Nunziante, Natali, et moi.

Nunziante ne cessait de répéter, que son souverain était humain, et qu'il s'empresserait sans doute de rendre sa majesté à sa famille en Autriche.

Le roi se coucha dans un lit ; Natali et moi, nous cherchâmes un peu de repos sur un matelas étendu à terre au pied du sien.

Le 11, au matin, le roi, qui sut que j'avais conservé ma ceinture, et que son valet de chambre Armand avait aussi conservé la sienne à lui appartenante, désira connaître combien d'argent elles contenaient. On trouva dans la première six cents ducats, et trois cents dans celle d'Armand, en total trois mille neuf cent soixante francs. Le roi nous dit alors : « Mes enfans, cet argent ne suffit pas pour nos besoins ; je vais écrire à Gagliardi à Montéleone pour avoir vingt mille francs ; il ne me les refusera pas. Sa majesté écrivit elle-même une lettre, chargeant Nunziante de la faire parvenir, lequel dit, en la prenant : « *Gagliardi n'enverra rien*, on conserve peu d'amis dans le malheur ; mais j'offre à votre majesté l'argent dont elle peut avoir besoin. » En effet sa lettre resta sans réponse, et le roi n'accepta pas les offres de Nunziante.

Au dîner ce général témoignait de l'inquiétude ; après quelques propos insignifians, il s'exprima en ces termes : « *une dépêche télégraphique m'a-* » *nonce... vous le consignerez à.... »*

Il ajouta qu'après ces mots le télégraphe avait cessé de parler.

Il voulait apparemment, Nunziante, préparer le roi au sort qui lui était réservé.

Le roi feignit de n'en avoir aucun soupçon, et dit entre autres choses, qu'il espérait que le roi Ferdinand, heureux de se trouver sur le trône de Naples, n'abuserait pas de sa victoire.

Le 12, Nunziante présenta à sa majesté un colonel anglais, nommé Robwisson, commandant la flottille anglaise et sicilienne, arborant le pavillon de la Grande-Bretagne. Le roi demanda à être transporté à Tropea, petite ville à deux ou trois lieues du Pizzo pour y attendre la réponse du roi Ferdinand.

Nunziante avait consenti à cette demande ; mais, sur les observations de Robwisson, il vint annoncer au roi qu'il ne lui était pas possible de le laisser embarquer sans un ordre de son souverain. Robwisson avait observé à Nunziante, que si sa majesté Joachim était embarquée sur un bâtiment de la flottille, il ne répondait pas des événemens ; parce qu'il cessait d'être à la disposition du roi Ferdinand du moment qu'il serait sous la protection du pavillon anglais.

Le soir, au dîner, Nunziante montra plus d'embarras que la veille ; il dit qu'il *ne comprenait pas comment la dépêche télégraphique avait pu s'arrêter après ces mots :* « *Vous le consi-* » *gnerez à.....* » *sans rien ajouter ;* mais il répliqua qu'il espérait, que le télégraphe achèverait de s'expliquer en ordonnant de consigner sa majesté à la flottille anglaise et de la faire partir pour Messine.

« Mais, général, dit le roi, si l'on vous or- » donnait, par une dépêche télégraphique de me

» remettre à une commission militaire, le feriez-
» vous ? »

Nunziante répondit qu'il n'y consentirait jamais ;
que pour exécuter une pareille disposition il atten-
drait les ordres du roi Ferdinand, transmis par une
estafette de la cour ; que d'ailleurs sa majesté ne
devait pas avoir de telles craintes. Le roi continua
de dîner et se leva de table sans témoigner la
moindre émotion. Une heure après il se coucha et
s'endormit tranquillement, en se faisant lire par
Natali, quelques passages des drames de Métastase.

Vers minuit, Nunziante reçut, par une estafette
de la cour, l'ordre de former une commission militaire, de faire condamner le roi à mort, et de le
faire exécuter une demi-heure après.

L'espoir que Nunziante avait eu, que la décision
qui lui avait été transmise par le télégraphe aurait
été révoquée, lui avait fait suspendre, depuis trois
jours, les ordres qu'il avait reçus jusqu'à l'arrivée
d'un courrier qu'il était bien persuadé qu'on lui
expédierait pour en renouveler le contenu.

» Naples, le 9 octobre 1815.

« Ferdinand, par la grâce de Dieu, etc., etc.,
» nous avons décrété et décrétons ce qui suit :

» Art. 1er. Le général Murat sera traduit devant
» une commission militaire dont les membres se-
» ront nommés par notre ministre de la guerre.

» Art. 2. Il ne sera accordé au condamné qu'une

» demi-heure pour recevoir les secours de la re-
» ligion.

« FERDINAND. »

Nunziante (1) ne s'occupa plus que de remplir
les ordres de son souverain.

Le 13 au matin on attendit que le roi fût levé.
Aussitôt qu'il fut habillé, le capitaine Stratti entra dans sa chambre, et me dit de le suivre; en
sortant je demandai à cet officier quel pouvait être
le motif de sa conduite; il m'apprit qu'il s'agissait
d'une opération; je voulus revenir vers le roi,
mais les factionnaires s'y opposèrent, et, malgré
mes efforts, je fus poussé dans un cachot obscur
où je trouvai les officiers et soldats qui y avaient
été enfermés depuis deux heures du matin. Un
moment après, Natali fut conduit dans le même
cachot.

Le roi, voyant que ses généraux ne revenaient
pas, en demanda la cause à son valet de chambre
Armand, qui ne sut que répondre. Bientôt après

---

(1) Ce général, aussi fidèle à son prince qu'il fut respectueux
et humain envers son prisonnier, en recevant l'ordre fatal de
mettre à mort le roi Joachim, parut ne pouvoir plus supporter
la vue de cet infortuné, puisqu'à l'instant même il fit enlever ses effets de la chambre qu'il occupait au château,
alla s'établir en ville, et ne reparut plus au fort; mais, au
moment de la chambre, il fut aperçu en grande tenue, appuyé contre le mur d'une maison attenante au fort et cou-
vrant sa figure avec un mouchoir qu'il tenait à la main.

cinq officiers siciliens entrèrent; ils firent sortir Armand; et le capitaine Stratti annonça au roi qu'il allait être traduit devant une commission militaire assemblée dans une chambre voisine, pour y rendre compte des motifs de sa descente dans les Calabres.

« Monsieur le capitaine, dit le roi, dites au pré-» sident, que je refuse de comparaître devant son » tribunal : des hommes tels que moi n'ont de » compte à rendre qu'à Dieu, de leurs opérations; » qu'ils prononcent, je n'ai plus rien à répondre. » Le capitaine Starage, d'origine sicilienne, fût nommé d'office pour remplir les fonctions d'avocat du roi Joachim près de la commission militaire; il se présenta devant le roi et lui fit connaître en pleurant le triste devoir qu'on lui avait imposé. « Je dois » défendre votre majesté, ajouta-t-il; et devant » quels juges !.... »

« Ils ne sont point mes juges, répondit aussitôt » le roi Joachim; ils sont mes sujets, et il ne leur » est point permis de juger leur souverain; de » même qu'il n'est point permis à un roi de juger » un autre roi, parce que nul ne peut avoir de l'em-» pire sur son égal. Les souverains n'ont d'autres » juges que Dieu et les peuples. » Ce fut en vain que les capitaines Stratti et Starage voulurent le calmer, afin d'écrire quelques lignes sur sa défense; il répétait toujours : « Vous ne pouvez pas me sau-» ver la vie, il ne s'agit point ici de jugement, » mais d'une condamnation. Ceux qui composent

» la commission ne sont pas mes juges ; il sont
» mes bourreaux. M. Starage, vous ne parlerez point
» pour ma défense, je vous l'ordonne. »

Quelques instans après, le rapporteur de la commission vint trouver le roi Joachim pour l'interro-
ger ; il lui demanda ses noms, son âge, sa patrie ;
il allait continuer, lorsque le roi l'interrompit, en
lui disant :

« Je suis Joachim Napoléon, roi des Deux-Sici-
» les ; partez, Monsieur. »

Le roi restait avec les quatre officiers sous la
garde de qui on l'avait placé ; il leur dit :

« J'aurais cru le roi Ferdinand plus grand et
» plus humain ; j'aurais agi plus généreusement
» avec lui, s'il eût débarqué dans mes états, et que
» le sort des armes l'eût fait tomber en mon pou-
» voir......

» Je n'ai quitté ma capitale que par la force des
» armes, et je n'ai jamais renoncé en aucune ma-
» niére aux titres et aux droits qui m'ont été acquis
» sur le royaume de Naples ; je suis entré à Naples
» avec douze millions, et j'en suis sorti, après dix
» années d'une domination que je me suis efforcé
» de rendre paternelle, avec deux cent cinquante
» mille francs pour toute fortune.

» Mes malheurs procurent au roi Ferdinand la
» jouissance d'un royaume régi par une législa-
» tion bien différente de celle d'après laquelle
» les états de Naples étaient gouvernés en 1806,
» lorsqu'il se réfugia à Palerme. Je lui laisse la

» capitale embellie de palais ornés avec magnifi-
» cence, et tout ce qu'il peut désirer pour l'éclat
» de sa cour; dans l'état où je suis, il n'a plus rien
» à craindre de moi, et ma mort ne lui est pas né-
» cessaire pour régner. Au lieu de transmettre les
» ordres cruels qu'il a donnés à mon égard, il
» aurait mieux fait de suivre l'exemple des puis-
» sances alliées qui, en me donnant des passe-ports
» pour me rendre au sein de ma famille, lui ont
» tracé la conduite qu'il aurait dû tenir; cette
» conduite aurait été plus digne d'un roi, qu'une
» politique qui ne dénote que des craintes sans
» fondement, et qui peut devenir un jour une
» source de vengeance. Sa générosité envers un
» ennemi sans défense, aurait obtenu la sanction
» du siècle et de la postérité. »

Le roi parla ensuite de ses campagnes d'Italie,
d'Égypte, d'Autriche, de Prusse, d'Espagne et
de Russie. Il rappela tout le bien qu'il avait fait
dans le royaume de Naples, les lois qu'il y avait
introduites, l'administration judiciaire, civile,
et financière qu'il y avait établie; la police et
la tranquillité, qu'il était parvenu à y assurer;
les établissemens qu'il avait formés pour l'instruction de la jeunesse, l'enseignement, et les
arts; l'encouragement qu'il avait donné à l'agri-
culture et à l'industrie nationales, les récompenses
de toute nature qu'il avait accordées au mérite
dans toutes les classes des citoyens, auxquels,
sous le règne du roi Ferdinand, elles n'auraient

jamais, pu prétendre. Il parla de l'armée de quatre-vingt mille hommes qu'il avait créée, équipée et soldée pour la défense de l'État. Enfin il rappela ce qu'il avait fait pour la marine militaire et le commerce du royaume de Naples.

« J'ai fait, dit-il avec véhémence, tous les sacri-» fices imaginables. J'ai oublié mes propres intérêts » pour le bonheur des Napolitains. » Il se tut un instant, il laissa échapper un profond soupir, et continua avec calme : « Soit à la cour, soit à l'ar-» mée, je n'ai eu en vue que la prospérité de la » nation ; je n'ai dépensé les revenus publics que » pour son avantage ; je n'ai rien fait pour moi, je » n'emporte en mourant d'autres richesses que mes » actions. C'est toute ma gloire et ma consolation. »

Ce récit qu'il fit de sa conduite avec autant d'é-loquence que de dignité, avait ému les officiers qui l'écoutaient ; et qui m'en firent le rapport quelques heures après.

Les derniers instans de sa vie furent ceux d'un héros. Les approches de la mort, qui glacent la plus grande partie des hommes, redoublèrent sa fer-meté. Le roi continuait à s'entretenir avec les offi-ciers qui le gardaient, lorsque la porte de sa cham-bre s'ouvrit ; le rapporteur vint lui annoncer sa condamnation à mort (1), et l'exécution de la sen-tence dans une demi-heure.

____

(1) La commision militaire qui a jugé le roi Joachim à mort était composée des officiers : Joseph Fasulo, adjudant comman-

Le roi Joachim l'écouta avec sang-froid et dédain. Il proposa au roi un confesseur, sa majesté l'accepta, et écrivit les mots suivans.

« Je déclare que j'ai fait le bien, autant qu'il » m'a été possible ; je n'ai fait du mal qu'aux mé-
» chans ; j'entends mourir dans les bras de la » religion catholique. » Il remit cet écrit au confesseur du Pizzo, qui était venu pour le confesser, et il lui dit : « Voilà, mon ami, une confession bien » sincère ; maintenant je vous prie de vous as-
» seoir. »

Le roi écrivit à la reine son épouse, la lettre suivante :

« Ma chère Caroline,

» Ma dernière heure est arrivée ; dans quelques » instans j'aurai cessé de vivre ; dans quelques

---

dant et chef d'état-major, président ; le baron Rafaël Scalfaro, chef de la légion de la Calabre inférieure ; Latéreo Natali, lieutenant-colonel de la marine royale ; Janvier Lanzetta, lieutenant-colonel du corps du génie en Calabre ; Mathieu Camilli, François de Vengé, capitaines d'artillerie ; François-Paul Martellari, lieutenant d'artillerie ; François Froio, lieutenant au 3e. régiment, faisant fonction de rapporteur ; il avait pour adjoint, Jean la Camera, procureur général au tribunal criminel de la Calabre inférieure ; François Papavassi, secrétaire. Il

Tous les officiers ci-dessus dénommés tenaient leurs grades du roi Joachim, et avaient reçu de lui plus ou moins de bienfaits, des honneurs et des décorations militaires. Il n'y en eut pas un seul, le lieutenant rapporteur excepté, qui fût venu de Sicile avec les troupes du roi Ferdinand.

» instans tu n'auras plus d'époux. Ne m'oublie
» jamais; ma vie ne fut tachée d'aucune injustice.
» Adieu mon Achille, adieu ma Létitia, adieu mon
» Lucien, adieu ma Louise; montrez-vous au monde
» dignes de moi. Je vous laisse sans royaume et
» sans biens, au milieu de mes nombreux enne-
» mis; soyez constamment unis, montrez-vous
» supérieurs à l'infortune, pensez à ce que vous
» êtes, et à ce que vous avez été, et Dieu vous bé-
» nira. Ne maudissez pas ma mémoire. Sachez que
» ma plus grande peine, dans les derniers momens
» de ma vie, est de mourir loin de mes enfans.

» Recevez la bénédiction paternelle; recevez mes
» embrassemens et mes larmes. Ayez toujours
» présent à votre mémoire votre malheureux
» père.

» Pizzo, 13 octobre 1815. »

Après avoir achevé sa lettre, il coupa quelques
boucles de ses cheveux, et les ayant enveloppées dans
la lettre, il la remit sans être cachetée au capitaine
Starage; en le priant de faire parvenir le tout fidè-
lement à sa famille, ainsi que le cachet de sa montre
que l'on trouverait dans sa main droite après sa
mort (1).

Il chargea le même officier de remettre sa montre, comme un souvenir, à son valet-de-chambre
Armand. Il demanda ensuite à me voir ainsi que

____

(1) C'était une cornaline représentant la tête de son épouse.

Natali ; quelques instans après on lui répondit, qu'il devait renoncer à cet espoir. « Ne tardez plus, » dit-il au lieutenant rapporteur ; « je suis prêt à » subir la mort. »

Le roi fut conduit hors de sa chambre, c'est-à-dire qu'il n'eut qu'à en dépasser la porte, au devant de la quelle il trouva une section de douze soldats qui l'attendaient.

Il se présente d'un pas assuré, et avec un air riant, « Soldats, dit-il, ne me faites pas souffrir ; » la localité même vous force d'appuyer le bout de » vos fusils sur ma poitrine, » et, en leur présentant son cœur, il fixa les yeux sur le cachet qu'il tenait dans la main droite : il reçut la décharge du peloton le 13 octobre, à quatre heures du soir, » dans le fort du Pizzo.

Son corps, mutilé par la violence des coups de feu, qu'il avait reçus de si près, fut mis dans un cercueil et porté dans une sépulture de la cathédrale du Pizzo.

Telle fut la fin tragique d'un malheureux prince, que la fortune, autant que la valeur, avaient élevé au trône de Naples ; qui six mois auparavant était entouré d'une cour brillante et dévouée à sa personne, et auprès de qui toutes les principales puissances de l'Europe accréditaient l'envoi des ambassadeurs ou des ministres plénipotentiaires.

Si la valeur dans les combats l'avait rendu l'objet de l'admiration des militaires de toutes les nations de l'Europe, la bonté d'âme qui le caractérisait, lui avait attiré les cœurs de ses sujets et de toutes les personnes qui avaient eu le bonheur de l'approcher. Incapable de faire du mal, même aux individus desquels il avait raison de se plaindre, il faisait consister toute sa félicité à faire des heureux.

Que l'on ne croie pas que la population des Calabres ait partagé l'esprit de vengeance qui animait contre la personne du roi la populace du Pizzo. La grandeur d'âme dont l'agent du duc de l'Infantado a fait preuve dans cette circonstance, aurait été imitée par la saine partie des gens bien nés du pays ; mais cette partie des habitans, moins nombreuse et plus craintive, se bornèrent à modérer la fureur de ceux qui avaient vu périr, pères, mères, enfans, frères, et quelques-uns la totalité de leur famille par les ordres du général Manès. — Il est à remarquer que les individus le plus déchaînés contre la personne du roi, reprochaient à ce prince avec imprécation la mort des parens que ce général avait fait exécuter, les uns comme espions, les autres comme brigands, ou comme agens du gouvernement sicilien, les autres enfin, comme assassins, soudoyés pour troubler la tranquillité du pays confié à son commandement....

— Quelques prêtres, s'adressant à moi-même au moment où l'on me traînait en prison, me disaient avec la rage dans le cœur : « Vous n'êtes donc pas malheureux ; vous êtes rassasiés de sang ; il vous fallait encore des échafauds et des potences pour vous satisfaire. » Ces propos m'étonnaient sans doute, quoique j'eusse entendu parler des exécutions ordonnées par le général Manès ; mais j'étais tellement convaincu que le roi était entièrement étranger aux moyens employés par ce général pour détruire le brigandage, que je ne pouvais me figurer que l'on voulût rejeter sur le premier les malheurs dont on se plaignait avec tant d'aigreur.

Certes si sa majesté eût été informée du véritable esprit qui animait la majeure partie des peuples des villes maritimes de la Calabre ultérieure, depuis le moment où elle avait quitté Naples, si elle eût pu être informée du retour dans leurs foyers des familles qui avaient échappé aux recherches du général Manès, elle eût sans doute renoncé au projet de débarquer au Pizzo : elle aurait, en dépit du capitaine Barbara, poursuivi sa route jusqu'à Trieste.

Ici se terminent les faits relatifs à la personne du roi Joachim. J'aurais dû peut-être m'arrêter à ce dernier et cruel événement, et borner mon récit à ce qui intéressait directement le roi ; mais j'ai pensé que le public n'accueillerait pas avec indifférence celui des faits relatifs aux personnes qui ont accompagné le roi dans son expédition, et qui, suivant les détails déjà donnés, ont dû partager les malheurs de ce prince infortuné, à qui ils étaient dévoués.

Le même soir de la mort du roi, on nous fit sortir de l'horrible prison, où nous aurions infailliblement péri par la chaleur, et on nous conduisit dans une autre moins insupportable.

Nunziante nous fit prévenir que le moment de l'exécution était suspendu pour nous; que l'on attendait à notre égard de nouveaux ordres de Naples. Nous restâmes pendant quatorze jours dans la persuasion intime que nous aurions la tête tranchée au Pizzo, ou à Monteleone. Nous devions, en effet, nous attendre à mourir, puisque notre souverain n'avait pas été épargné, et nous regrettions de n'avoir pas péri en même temps que lui; mais nous nous vîmes, avec étonnement, le soir du 27, extraire des prisons, embarqués et conduits dans celles de l'île de Ventotene.

Là nous trouvâmes une centaine de nos soldats qui montaient les deux barques commandées par les capitaines Semidei et Mattei, capturés sur les côtes de la Calabre citérieure. Après la tempête qui nous avait séparés, ces barques, qui s'étaient réunies au nombre de trois, se mirent infructueusement à notre recherche et préférèrent tomber entre les mains des Siciliens à la honte d'abandonner le roi. Elles étaient dans le golfe de Palinuro, et les capitaines étaient déterminés à ne pas s'écarter de la route qui leur avait été tracée, persuadés que le capitaine Barbara, irait à leur recherche. Celle du capitaine Ettore, ayant vu passer une barque qui faisait voile vers

la Corse, et l'ayant reconnu pour celle commandée par le chef de bataillon Courand, fit
force de voile pour le rejoindre et apprendre
quelque nouvelle. Le commandant Courand, après
l'avoir assuré que le roi était parti pour Trieste,
lui avait ordonné de retourner en Corse. Ettore
alors se joignit à lui, convaincu que les deux
barques qu'il avait laissées à Palinuro suivraient
la manœuvre; mais les officiers qui les com-
mandaient persistèrent à ne pas s'éloigner de la
côte, et elles furent capturées par des chaloupes
canonnières expédiées de Naples pour courir contre notre flotille. Le capitaine de la garde de sa
majesté Ferdinand, nommé Barone, et qui réu-
nissait à son grade celui de commandant de l'île,
ayant la haute police, se montrait très-humain à
notre égard, malgré les ordres les plus rigoureux
du marquis de Saint-Clair, ministre de la guerre
à Naples. Il nous pressait sans cesse de demander
au roi notre liberté.

Sa proposition nous paraissait illusoire, d'après
les notions que nous avions des prisons de cette
île réservées, disait-on, aux seuls condamnés à
la réclusion à vie; et comme nous craignions
plutôt de n'avoir été ménagés à Pizzo, que pour
nous faire ensuite subir ce triste sort, loin de
songer à demander la liberté, nous supportions
nos peines et nos malheurs avec une noble résignation.

Le commandant Barone, voyant que nous persistions à garder le silence, ajouta que, si nous eussions fait notre demande à son souverain, il était à sa connaissance qu'elle aurait été accueillie favorablement. Alors, des prisons de Ventotene, nous adressâmes à sa majesté Ferdinand IV le placet suivant :

« SIRE,

» Les soussignés ont l'honneur d'exposer à votre
» majesté, qu'ils languissent dans les prisons de
» Ventotene, souffrant mille privations, et man-
» quant de toute ressource.

» Ils ne sont pourtant pas coupables d'autres cri-
» mes que d'avoir été fidèles, même dans le mal-
» heur, à un prince qui fût leur souverain.

» L'honneur, ils osent le dire, a été le seul
» guide de leur conduite; ils peuvent s'être trom-
» pés, mais leur intention était pure et droite.

» Daignez, sire, jeter un regard sur leur posi-
» tion; elle est trop à plaindre pour ne pas inté-
» resser le cœur de votre majesté, et pour ne pas
» en adoucir la rigueur. Oui, sire, leur confiance
» dans votre générosité est si entière, qu'ils osent
» se flatter que votre majesté leur accordera bien-
» tôt la liberté et la permission de rentrer au sein
» de leurs familles.

» Que votre majesté daigne accueillir avec bonté
» l'hommage du plus profond respect, etc.

» N. N. N. »

Notre sort ne tarda pas à être amélioré. Le marquis de Saint-Clair ayant fait un rapport sur notre conduite, le roi Ferdinand exerça envers nous un acte d'humanité. Nous reçûmes tous individuellement des lettres de grâce; la liberté nous fut rendue; le gouvernement de Naples nous fit embarquer sur un bâtiment de commerce, abondamment pourvu de tout ce qui était nécessaire pour notre traversée. Nous quittâmes Ventotene le 17 janvier 1816, et peu de jours après nous nous trouvâmes en vue de Porto-Ferrajo et nous jetâmes l'ancre dans le port de cette ville.

Là nous reçûmes des nouvelles qui alarmèrent l'équipage. Chacun craignit d'être emprisonné en débarquant en Corse. Pour lors on délibéra si on remettrait à la voile pour aborder sur une plage inhabitée, afin de se soustraire aux poursuites des autorités de la Corse.

On combattit fortement cette idée, parce qu'on sentait que la tranquillité publique pouvait être troublée si une pareille résolution eût été exécutée; et, pour prévenir toute démarche inconsidérée, nous persuadâmes à nos compagnons d'infortune de faire voile pour Livourne où nous attendrions des nouvelles plus positives de la Corse. En conséquence, nous adressâmes de Porto-Ferrajo, à son altesse le grand-duc de Toscane, le placet suivant :

« Altesse Impériale et Royale,

» Les officiers, sous-officiers, soldats et autres
» individus, formant un total de cent huit per-
» sonnes, tous de l'île de Corse, qui ont suivi le
» roi Joachim dans ses dernières disgrâces, de
» retour du royaume de Naples, munis de lettres
» de grâce qui leur ont été accordées par sa ma-
» jesté le roi des Deux-Siciles, viennent se mettre
» sous la protection et la garantie du gouverne-
» ment de votre altesse.

» Quoique leur conduite ait été constamment
» guidée par l'honneur, le devoir et la reconnais-
» sance qu'ils devaient à un prince qui a été long-
» temps leur souverain ; cependant, craignant que
» leur zèle ne soit considéré comme un crime,
» par le gouvernement français, ils implorent un
» asile dans l'état de votre altesse, jusqu'à ce
» qu'ils aient la certitude de pouvoir rentrer libres
» dans le sein de leurs familles.

» Les supplians partent à l'instant pour le port de
» Livourne où, après avoir terminé la quarantaine
» prescrite par les lois sanitaires, ils espèrent de
» la générosité de votre altesse, que leurs vœux
» seront accueillis, et qu'ils pourront jouir, dans
» un pays ami et hospitalier, de la paix dont ils
» ont besoin après tant de disgrâces, de peines
» et de tourmens.

» Ils sont avec respect, etc., etc., etc.

» N. N. N. »

Nous mouillâmes en effet dans le port de Livourne, et nous entrâmes au lazaret pour y faire quarantaine.

Le bruit se répandit parmi nous que j'avais sur moi des fonds et des lettres de change appartenant au roi Joachim. Les officiers et soldats, accablés de misère, avaient ajouté foi à une assertion aussi absurde qu'elle était fausse, et dont les auteurs ne m'étaient pas inconnus. Je n'épargnai rien pour convaincre ces infortunés, dont la triste position me faisait excuser leurs plaintes, que le roi en débarquant en Corse, était venu chez moi avec six mille quatre cents francs, somme qui m'avait été remise et comptée par Blancard, l'un des trois officiers de marine avec lesquels il s'était sauvé de Toulon, et maintenant en Autriche, près l'épouse de ce malheureux prince; je leur démontrai que Blancard avait été témoin que le roi n'avait d'autres diamans à son arrivée en Corse, que la gance de son chapeau, évaluée à cent mille francs, qu'il avait laissée en gage au chef de bataillon Poli, pour faciliter son départ d'Ajaccio; qu'il avait encore une contre-épaulette de la valeur de cinquante mille francs qu'il avait portée avec lui dans les Calabres. Je leur fis observer qu'il était à leur connaissance que le roi avait chargé le commandant Poli de payer la dépense faite pendant notre séjour à Ajaccio, et qu'en s'embarquant, le roi n'avait reçu de lui que mille francs, en argent comptant, qui restèrent à bord à notre débarquement au Pizzo, et qui sont restés entre les mains du patron Cecconi.

« Vous savez aussi bien que moi, leur dis-je, que le prince a été dépouillé de tout ce qu'il possédait ; que l'argent et les diamans que le roi avait avec lui, tout a été pris par Trenta Copilli. Armand, ici présent, vous dira que sans les neuf cents ducats en or qui nous restaient à tous deux, le roi n'aurait pas été dans le cas de faire face à la plus légère dépense ; tout ce qui me reste à lui appartenant, se réduit en un bonnet de soie noire, que le roi portait en arrivant au Vescovato, sa ceinture, son uniforme déchiré, la chemise baignée de sueur qu'il avait sur lui le jour qu'il fut traîné dans les prisons du Pizzo. Voilà les seuls gages qui me sont restés, auxquels j'attache le plus grand prix, parce qu'ils me rappelleront sans cesse sa mémoire. Soyez convaincus, mes amis, que le roi en mourant, ne m'a laissé d'autre fortune que des peines et des malheurs. »

Cependant j'employais toutes les ressources que ma famille me procurait pour adoucir, autant qu'il était en mon pouvoir, le sort de mes compagnons d'infortune ; mais, voyant que ma manière d'agir ne me mettait pas à l'abri des reproches ; que l'on continuait à répandre le bruit que je ne donnais rien du mien, je ne pus résister à autant d'ingratitude, et je cessai de partager ce que je possédais. Ce fut alors que je reçus, de Bastia, une lettre de mon beau-père Colonna Ceccaldi : il me marquait que nous pouvions rentrer en Corse, sans aucune espèce de crainte ; que sa majesté Louis XVIII ne pouvait manquer d'avoir égard au pardon qui nous avait été accordé par sa majesté Ferdinand IV ; que nos familles nous attendaient avec la plus vive impatience ; que le meilleur conseil qu'il pouvait nous donner, était de nous rembarquer promptement pour notre patrie. Cette lettre nous décida à partir sans retard, d'autant plus que nous étions regardés par le gouvernement toscan comme des scélérats ; mais, au préalable, nous crûmes devoir demander une escorte ; deux motifs nous y engageaient. Le premier qu'elle en imposerait à l'équipage, s'il avait de nouveau le dessein de prendre quelque résolution désavouée par la sagesse ; le second qu'on les tranquilliserait, soit sur les rencontres que l'on pouvait faire durant la traversée, soit sur les dangers que l'on entrevoyait en débarquant à Bastia. C'est par cette raison que nous écrivîmes au général Spanochi, gouverneur de Livourne, en ces termes :

« Monsieur le général,

» Notre quarantaine étant terminée, nous espérions de pouvoir prendre l'entrée, ou de partir » pour la Corse, lieu de notre destination ; mais » nous nous voyons, au contraire, consignés, ren- » fermés et étroitement gardés, sans qu'il nous » soit permis d'avoir la moindre communication » avec qui que ce soit, de manière que le lazaret

» est transformé pour nous en une prison rigou-
» reuse.

» Une mesure aussi extraordinaire nous sur-
» prend ; nous faisons de vaines conjectures sur
» sa véritable cause, sans pouvoir rien découvrir
» qui puisse l'autoriser ; de sorte que nous voyons
» commencer pour nous une nouvelle série de
» malheurs, quand nous croyions être arrivés au
» terme de nos maux.

» Nous osons néanmoins espérer que le gouver-
» nement toscan ne voudra pas nous faire repentir
» de la confiance que nous avons eue en lui, ni
» abuser de la faveur qu'il nous a faite de passer
» notre quarantaine dans le troisième lazaret de
» Livourne.

» De quel crime, en effet, voudrait-il nous punir?
» Notre conduite est assez connue, et nous nous
» flattons qu'elle ne peut être condamnée, ni par
» votre gouvernement ni par des personnes honnêtes.
» Le gouvernement sicilien, le seul qui ait eu à s'en
» plaindre, nous a renvoyés libres dans nos foyers.
» Quelle différence entre les traitemens que nous
» avons éprouvés à Naples, et ceux auxquels nous
» sommes exposés dans le lazaret! Là, prisonniers,
» les officiers jouissaient de la double ration, diffé-
» rente en tout de celle des soldats. Ceux-ci en
» avaient une seule, mais complète et abondante,
» et tous, indistinctement, nous étions pourvus de
» lits. Ici, libres, nous sommes détenus comme des
» prisonniers chargés de crimes, exposés à périr

» de misère, reposant, officiers et soldats, sur de la
» mauvaise paille, sans feu, malgré la rigueur de
» la saison, et la nudité dans laquelle une détention
» de quatre mois nous a réduits. On nous accorde, à
» titre d'aumône, une modique ration, à peine suf-
» fisante pour ne pas mourir de faim, et quelques-
» uns même en sont privés; nous avons fait d'i-
» nutiles représentations : on n'a pas même daigné
» y répondre.

» Nous ignorons, monsieur le général, si cette
» conduite s'accorde avec le droit des gens, mais
» ce qu'il y a de certain, c'est qu'elle n'est ni gé-
» néreuse, ni juste. Monsieur le général, nous
» n'hésitons pas de dire que le gouvernement tos-
» can n'a aucune inspection sur nous..... Il peut
» nous refuser un asile que nous ne demandons
» plus, puisque nous pouvons rentrer en sûreté
» dans nos familles; il peut nous chasser de ses
» états; mais il ne peut, sans blesser les droits les
» plus sacrés, nous retenir en captivité sans aucun
» motif, et nous traiter comme des malfaiteurs.

» Monsieur le général pardonnera à la franchise
» avec laquelle nous nous exprimons, étant des
» hommes habitués à ne tenir d'autre langage,
» auxquels il ne reste que l'honneur qu'ils sau-
» ront conserver sans tache jusqu'au dernier sou-
» pir. Le malheur n'a jamais été chez aucune nation
» un objet de mépris.

» Qu'il nous soit donc permis de nous rendre en
» Corse; si l'on croit nécessaire de nous fournir une

» escorte, par mesure de sûreté, nous l'acceptons
» avec plaisir, nous la sollicitons même pour éviter
» toute espèce de désordes, convaincus que parmi
» cent huit individus tous ne sont pas animés des
» mêmes principes. Nous vous prions, monsieur le
» général, de daigner, sinon par devoir, du moins
» par humanité, jeter un coup d'œil sur l'état mal-
» heureux auquel nous sommes réduits ; la ma-
» jeure partie des officiers et tous les soldats et
» marins sont dans une nudité honteuse, aban-
» donnés sans aucun secours, sans aucun égard,
» et si quelques-uns d'entre eux ne se sont pas en-
» core portés au désespoir, ils n'ont été retenus
» que par l'espoir d'oublier bientôt leurs disgrâces
» dans le sein de leurs familles. Il est impossible,
» monsieur le général, qu'un aussi triste tableau
» vous soit indifférent. Nous vous prions, en un
» mot, d'ordonner qu'on nous accorde les secours
» les plus indispensables.

» Nous sommes, etc. »

Cette lettre resta sans réponse, mais Mariotti,
consul général de France, qui vint nous voir, me
dit au nom du comte de Narbonne, ambassadeur de
France à Naples, que nous devions avoir une entière confiance en sa majesté Louis XVIII, qui n'é-
tait pas moins généreux que Ferdinand IV ; que ce
prince tenait fortement à ce que nous retournas-
sions en Corse, et enfin qu'il n'arrivât aucun événement ultérieur, soit pendant la traversée, soit à

notre arrivée, et il avait donné des ordres pour qu'un bâtiment d'état, sicilien, fût expédié de Naples, à l'effet de nous escorter. Effectivement une goëlette sicilienne ne tarda pas à arriver; nous nous remîmes en mer, et ne tardâmes pas à nous présenter devant Bastia. Le capitaine sicilien demanda à débarquer. Le marquis de Rivière, alors commandant en Corse, s'y refusa. Nous nous éloignâmes de la côte, et, par une manœuvre que nous ne comprenions pas, nous passâmes un jour à la voile à quelques lieues de la côte; nous en demandâmes l'explication au capitaine : nous devions, disait-il, être sans inquiétude, puisque les lettres de grâces de son maître, nous assuraient la liberté; toutefois il était obligé de nous faire faire quarantaine à bord; quelques jours s'écoulèrent ainsi. Assaillis par une violente tempête, poussés par les vents et les courans, la goëlette nous abandonna.

Si, dans ce moment, lorsque nous n'étions plus surveillés d'aucune manière, nous eussions manqué de confiance en sa majesté Louis XVIII, il nous aurait été facile de débarquer clandestinement sur quelque point inhabité de l'île, nous aurions pu nous soustraire à tous les regards, et à toute recherche; mais nous étions fort éloignés d'une pareille idée.

En effet nous entrâmes dans le golfe de Saint-Florent où, à trois lieues de distance, nous aperçûmes une gabarre à l'ancre et nous mouillâmes à côté d'elle.

Tout à coup celui qui la commandait fit embarquer, dans une chaloupe, des gendarmes qui vinrent s'emparer de notre bâtiment. On nous transporta les uns après les autres à bord de la gabarre, sans aucune explication, et nous fûmes jetés dans la Sainte-Barbe et mis aux fers, par ordre supérieur à ce que l'on nous disait.

Qu'on juge, si l'on peut, de notre indignation, lorsque nous nous vîmes si cruellement désabusés ! Mais lorsque nous apprîmes d'où partait le trait qui nous déchirait, elle fut à son comble.

Le marquis de Rivière commandait la Corse : ce fut lui qui avait ordonné notre arrestation et la mise aux fers. Outre que cet ordre était illégal, parce qu'il outre-passait les pouvoirs d'un commissaire du gouvernement, il était attentatoire à la liberté individuelle d'individus non coupables. Le bien public était-il un motif d'un pareil ordre ? Je ne prononce pas, mais voici ce qu'il fit, lorsqu'il apprit que j'étais dans les fers ainsi que mes compagnons d'infortune.

Un marchand de Bastia avait à ma disposition une somme de cent soixante-douze mille francs (1)

---

(1) Les 2 et 8 septembre 1815, le roi Joachim mit à ma disposition une somme de deux cent soixante mille francs, déposée entre les mains des frères Grégory, marchands à Bastia. Cette somme était divisée en deux lettres de change sur le banquier Parillon, à Paris, dont une de deux cent mille à l'ordre de Grégory Joseph, et l'autre de soixante mille à

appartenant au roi Joachim; il s'en empara. Croyant une partie des brillans du roi au pouvoir de mon épouse, il la persécuta pour la contraindre à les lui livrer. Mais comme elle ne put satifaire à cette demande puisqu'elle ne les avait pas entre les mains, il l'outragea à ce point de la faire dépouiller de ses habits jusqu'à la chemise, et de la faire fouiller sous le prétexte qu'elle avait des brillans cachés qui appartenaient au malheureux prince. Enfin, il ordonna la recherche du commandant Poli, à l'effet de s'emparer de la gance en brillans du chapeau du feu roi Joachim, et se conduisit envers lui avec tant d'acharnement, que cet officier supérieur, pour ne pas la livrer, se réfugia dans le canton de Finorbo où le marquis employa la force des armes pour le faire arrêter. Cette tentative lui coûta cher, car il trouva de la résistance : plusieurs militaires à la solde du gouvernement, et divers habitans forcés par ses ordres de marcher sur ce canton furent tués ; lui-même fut sur le point d'être fait prisonnier, et infailliblement massacré. Peu s'en fallut que cette étincelle ne produisît un vaste incendie.

---

l'ordre d'Antoine, son frère. Celle de deux cent mille francs devait servir au paiement de toutes les dépenses et déboursés faits par mon ordre à Bastia, et au remboursement de cinquante mille francs, dont Joseph Grégory avait promis de faire l'avance, en recevant la lettre de change, et de les envoyer au Vescovato en deux paiemens, savoir, vingt-cinq

7.

En effet, on murmurait déjà hautement contre lui ; et sans l'arrivée du général Willot qui vint le remplacer, l'île aurait peut-être arboré l'étendard de la révolte ; mais ce sage et prudent gouverneur

---

mille le 4 septembre, et pareille somme le 12 du même mois. Le restant de la somme, le prince me l'avait entièrement donnée à titre d'indemnité, pour les dépenses énormes que je fus contraint de faire à cette malheureuse époque. Aussi j'em'étais rendu personnellement responsable, par une double obligation vis-à-vis des frères Grégory, de toutes les dépenses et paiemens faits et à faire par eux, pour le compte du roi Joachim, dans le cas où les lettres de change n'eussent pas été acquittées à Paris.

Joseph Grégory manqua à sa promesse, et au lieu de faire l'envoi de cinquante mille francs au Vescovato, il n'en envoya que six mille, sous prétexte qu'il ne voulait pas se compromettre vis-à-vis du gouvernement.

Je fis rapport au prince de ce contre-temps imprévu ; il en fut indigné, et lui ayant avoué mes soupçons sur la mauvaise foi de ce marchand, il voulut bien consentir à ma proposition, d'envoyer sur-le-champ (le 13 septembre 1815) contre-ordre à M. Barillon, afin de suspendre le paiement des deux lettres de change, desquelles les frères Gregory étaient porteurs. Je me fis cependant un plaisir de continuer à fournir au prince tout l'argent qu'il lui fallait pour suppléer à ses besoins dans une circonstance aussi impérieuse, et bien certain, par sa promesse purement spontanée, qu'il m'aurait indemnisé avec d'autres fonds ; l'ordre de la suspension partit pour Paris, et je restai responsable envers les frères Grégory de toutes les dépenses faites pour le compte du roi Joachim, pour lequel je m'étais rendu caution.

Sur ces entrefaites, je pris congé de ma femme et de mes

eut bientôt rétabli l'ordre, et ne tarda pas à être persuadé que les Corses s'étaient maintenus dans le plus profond respect pour l'auguste personne de Louis XVIII.

---

enfans, et les laissai dans la plus grande désolation. Je m'embarquai en suivant un prince qui, sans une fin aussi tragique, impossible jamais à prévoir, aurait eu le temps de se rappeler de ma bonne foi, de ma générosité et d'une fidélité à toute épreuve. Constamment occupé de sa position malheureuse plus que de la mienne, j'oubliai même ma famille et ses intérêts.

Malgré le contre-ordre que j'avais envoyé à Barillon, il arriva trop tard pour suspendre la totalité du paiement de deux cent soixante mille francs; Joseph Grégory en avait déjà retiré et reçu à Bastia, cent soixante-douze mille. Il se crut alors en devoir d'entrer en paiement en fournissant quelque argent à ma famille.

Le marquis de Rivière, à cette époque, commissaire du gouvernement en Corse, instruit que Joseph Grégory avait cette somme disponible à mon gré, forma le projet de s'en emparer, et ordonna la suspension des paiemens; mais comme il n'ignorait pas qu'en France les propriétés sont respectées, s'il eût voulu abuser de son autorité, pour agir de représailles, il permit à Joseph Grégory de lui présenter un compte faux de soixante-quatre mille francs que j'avais, disait-il, ordonné, pourvu qu'il versât le reste de la somme entre ses mains.

Joseph Grégory me croyait mort par la descente faite au Pizzo dans les Calabres, et la nouvelle de mes blessures, ou bien emprisonné pour le reste de mes jours; par conséquent hors d'état de pouvoir jamais lui demander compte de l'argent qui devait être un dépôt sacré entre ses mains :

La gabarre, sur laquelle nous étions retenus prisonniers, fit d'abord voile pour Toulon où, sur le refus de nous recevoir, nous nous dirigeâmes sur Marseille. A peine arrivés, nous fûmes enfermés dans le château d'If, prison d'état bâtie sur un rocher qui s'élève au milieu des flots. Nous y demeurâmes d'abord deux mois, n'ayant qu'un pain grossier et de l'eau pour toute nourriture et boisson.

---

d'intelligence avec le marquis de Rivière, la seule fortune qui restait encore à mes enfans pour les faire vivre est devenue leur proie. Ces faits sont prouvés par les pièces suivantes :

PIÈCE N°. 1.

« Je soussigné, Joseph Grégory, déclare me rendre caution
» pour le sieur Toussaint Grégory, d'une lettre de change
» de deux cent mille francs, qui a été souscrite par sa majesté
» le roi Joachim Napoléon, et conçue en ces termes :

» *Vescovato*, *le 2 septembre* 1815.

» A six jours de vue, je vous prie de payer à l'ordre de
» M. Toussaint Grégory, la somme de deux cent mille francs,
» valeur en compte, que vous passerez suivant l'avis.
» A M. Barillon,   Bon pour deux cent mille francs.
» banquier à Paris.   » J. NAPOLÉON. »

» Laquelle lettre de change dont la teneur est ci-dessus,
» je m'oblige de retourner à sa majesté, en cas de non paie-
» ment, ou je m'oblige à lui faire compte du montant, aussi-
» tôt que j'aurai l'avis du paiement, déduction faite des dé-
» penses que je ferai pour le recouvrement d'icelle, et de

Plusieurs de nos officiers, sans force pour résister à la misère dont ils étaient accablés, furent obligés d'entrer à l'hôpital ; mais les mauvais traitemens qu'ils y éprouvèrent, les firent bientôt retourner à leurs chaînes ; ils y étaient moins malheureux ; l'un de leurs camarades, le lieutenant Graziani, y mourut de faiblesse.

Le commandant du château d'If nous envoya

» toutes les dépenses que j'ai déjà faites et que je ferai par » ordre du général Franceschetti ; en cas de non paiement, » le dit général s'oblige à me rembourser lesdites dépenses.

» Fait double à Vescovato, le 2 septembre 1815.

» JOSEPH GRÉGORY. »

PIÈCE N°. II.

« M. Constantiny, j'ai disposé d'une somme de deux cent » soixante mille francs en lettres de change, sur M. Barillon, » banquier à Paris, à l'ordre de MM. Antoine et Toussaint » Grégory, négocians à Bastia. Ces fonds ne m'ont point été » comptés, ils ne devaient l'être qu'après l'avis du paiement » de mes lettres de change ; des circonstances particulières » m'obligent de rendre nulle cette opération. J'écris à M. Barillon pour l'en prévenir. Il est possible que l'avis soit tardif ; mais alors, comme je présume qu'il aura donné en » paiement des effets sur votre maison, je vous prie d'en » suspendre l'acquit. Il est essentiel à mes intérêts, que je » mette des oppositions. J'aime à croire, monsieur, que vous » voudrez bien m'être utile en cette circonstance.

» Dans cette persuasion, je prie Dieu, M. Constantiny, » qu'il vous ait en sa sainte et digne garde.

» J. NAPOLÉON. »

prévenir, vers la fin de mai, qu'on attendait incessamment dans l'île un grand personnage chargé de conduire madame la duchesse de Berri à Paris; il nous fit engager d'adresser à cette princesse une pétition, pendant son séjour à Marseille, comme l'avaient fait nos soldats détenus au fort Saint-Nicolas, en nous faisant espérer d'obtenir notre liberté en peu de jours; effectivement, des cris de joie se firent entendre sur l'île, une heure après; et les tambours battaient au champ.

Notre réponse au commandant fut que nous n'avions aucune réclamation à présenter à la duchesse, pour la soumettre au roi; et que la voie ordinaire nous était ouverte. Cette réponse causa de la discorde parmi nous, au point que le commissaire de guerre Galvani, avec quatre autres officiers, firent une pétition et la remirent à ce même personnage, en le priant de la présenter à la duchesse; mais voyant que, sur dix-huit officiers détenus pour la même cause, cinq seulement réclamaient, il n'y donna aucune suite.

Nos soldats effectivement furent rendus à la liberté quelques jours après, et incorporés une partie dans la légion des Bouches-du-Rhône, et l'autre dans le dépôt colonial.

Quant à nous, officiers, pour toute consolation, on nous envoya un prêtre de Marseille, chargé de nous exhorter à la patience.

Des ordres supérieurs vinrent cependant, à cette époque, adoucir la rigueur de notre captivité, et sans savoir encore le sort qu'on nous réservait, nous adressâmes la lettre suivante à M. le comte de Villeneuve, préfet des Bouches-du-Rhône, avec un placet que nous le suppliâmes de faire parvenir à sa majesté :

« Monsieur le Préfet,

» Voilà déjà quatre mois que nous languissons
» dans les prisons du château d'If, toujours dans
» l'attente d'une réponse de Paris, qui n'est jamais
» venue. On n'a pas même daigné nous faire connaî-
» tre la cause de notre détention ! Qu'avons-nous
» fait? Quels sont nos torts? Nous avons témoigné du
» dévouement et de la fidélité à un prince, qui était
» notre souverain, dans des circonstances où il
» ne nous était pas permis de l'abandonner, à moins
» d'être les derniers des hommes; mais ce que l'hon-
» neur et la reconnaissance nous entraîna à faire
» pour ce malheureux prince, ne nous a pas fait
» oublier un seul instant ce que nous devions à
» notre gouvernement, à notre patrie.

» Notre conduite en Corse est trop connue pour
» avoir besoin d'apologie; elle est sans reproche,
» nous osons le dire hautement.

» D'ailleurs qu'on l'examine, cette conduite; qu'on
» nous fasse juger, si l'on veut, nous ne deman-
» dons pas mieux, et nous consentons tous à être
» fusillés, si un tribunal équitable nous trouve
» dignes de la moindre punition.

» Quant à ce qui s'est passé dans le royaume de

» Naples, il nous paraît qu'il ne doit plus en être
» question, puisque le gouvernement napoli-
» tain, pénétré de la pureté des sentimens qui
» nous avaient guidés, nous a renvoyés libres : de-
» vons-nous attendre moins de générosité de la
» part de notre souverain? Non ; mais il ignore la
» vérité des faits ; il ignore les traitemens que nous
» avons soufferts ; il ignore même notre détention ;
» oui, il l'ignore. Elle est incompatible avec sa
» justice et sa clémence. Que faire cependant ? Nos
» plaintes et nos réclamations ne parvenant pas
» jusqu'aux pieds du trône, il faudra nous taire et
» gémir en silence sur notre malheureux sort,
» sans espoir de le voir changer. Telle est la triste
» perspective que nous avons devant les yeux, si
» nous devons juger de l'avenir par le passé.

» Monsieur le Préfet, vous êtes la seule autorité
» à laquelle il nous soit permis de nous adresser di-
» rectement ; vous nous avez témoigné de la bonté ;
» vous êtes généreusement venu au-devant de nos
» besoins les plus pressans, et nous ne doutons pas
» que vous ne continuiez à prendre à notre cause
» tout l'intérêt qu'elle mérite.

» C'est dans cette confiance que nous prenons la
» liberté de vous adresser une seconde pétition
» pour le roi. Puisse-t-elle être plus heureuse que
» la première !

» Daignez, etc. »

« SIRE ,

» Permettez aux officiers corses de la suite de
» feu le roi Joachim, de faire parvenir leurs plain-
» tes jusqu'aux pieds de l'auguste trône de votre
» majesté.

» Renvoyés libres par le gouvernement napoli-
» tain, munis de lettres de grâce individuelles,
» ces officiers espéraient de rentrer dans le sein
» de leurs familles, et d'y oublier bientôt sept
» mois de souffrances et de misère ; mais quelle
» fut leur surprise, en arrivant à Saint-Florent, de
» se voir embarqués sur un bâtiment de l'état, les
» fers aux pieds comme des scélérats, conduits en-
» suite à Toulon, de là à Marseille, et enfermés
» dans le château d'If où ils languissent depuis
» quatre mois.

» Qu'ont-ils fait pour mériter tant de rigueur,
» sous le gouvernement paternel de votre majesté ?
» Tout leur crime est d'avoir été fidèles, même
» dans le malheur, à un prince qui fut leur sou-
» verain.

» Oui, sire, ils n'hésitent pas à avouer qu'ils
» l'environnèrent de leurs personnes, quand des
» circonstances forcèrent ce prince à se réfugier
» momentanément en Corse ; mais jamais cette île
» n'a été plus tranquille, que pendant le court sé-
» jour qu'il y fit ; non-seulement la paix publique
» ne fut pas troublée, mais même il ne fut porté
» aucune atteinte à l'autorité ; il ne fut fait aucune

» démarche équivoque ; et cela, sire, dans le mo-
» ment où il n'y avait point de troupes dans le pays,
» et dans un moment de désorganisation générale.

» Sire, qu'on examine leur conduite, elle peut
» être blâmée comme imprudente ; mais jamais
» comme répréhensible envers votre gouvernement.

» Le roi Joachim quitta la Corse, et ils le sui-
» virent, parce que l'honneur, le devoir et la
» reconnaissance l'ordonnaient ; il était leur bien-
» faiteur, ils ne l'avaient guère approché dans sa
» prospérité ; mais ils ne surent l'abandonner dans
» son infortune.

» Ils ne parleront pas de l'entreprise de ce prince,
» ils diront seulement qu'il ne leur appartenait
» pas de juger ses actions ; quoi qu'il en soit, et
» pour ce qui les concerne, le souvenir en doit
» être effacé par les lettres de grâce de Ferdinand IV.

» Cependant ils sont traînés de prison en prison,
» avec des traitemens autant sévères qu'humilians :
» des anciens militaires, couverts d'honorables bles-
» sures, ne méritaient ni les fers aux pieds, ni les
» menottes.

» On dit que c'est par disposition du marquis
» de Rivière qu'ils ne furent pas reçus en Corse,
» craignant qu'ils en troublassent la tranquillité ;
» il faut qu'il ait été mal informé sur leur compte.
» Si le marquis de Rivière eût daigné examiner
» mieux leur conduite, il se serait convaincu que
» ceux qui contribuèrent à maintenir l'ordre pu-
» blic dans un moment de désordre, ne sont pas

» des citoyens turbulens ; ceux qui pouvaient dé-
» barquer libres sur un point quelconque de la
» Corse, vont se mettre eux-mêmes entre les mains
» du gouvernement. Si les supplians avaient voulu
» en effet s'y soustraire, il n'eût dépendu que d'eux ;
» car venus de Naples à Livourne sans escorte, ils
» auraient pu profiter de la liberté qu'ils avaient
» recouvrée. Se rendant en Corse, ayant été séparés
» du bâtiment qui les escortait par un coup de vent
» la veille de leur arrivée à Saint-Florent, ils au-
» raient pu aborder sur un point inhabité de l'île,
» au lieu de choisir un port où ils savaient qu'il
» y avait des autorités et une garnison : telle est la
» vérité des faits.

» Daignez, Sire, jeter un regard sur la position
» des supplians ; elle est trop malheureuse pour
» être indifférente au cœur paternel de votre ma-
» jesté. Après de longues souffrances, à la suite de
» traitemens indignes, ils se voient maintenant
» dépourvus de tous moyens, languissans dans la
» dernière misère, confondus avec les malfaiteurs.

» Mais tout ce qui est contre la justice, tout ce
» qui n'est ni généreux ni humain, est contre l'in-
» tention de votre majesté ; ainsi, les supplians
» sont pleinement convaincus que leurs peines ces-
» seront aussitôt qu'elles parviendront à sa con-
» naissance, et, que mieux éclairée sur la cause
» de leur détention, elle rendra la liberté à des
» sujets incapables d'en abuser.

» Nous avons l'honneur etc., etc., etc.

Nous ne reçûmes aucune réponse ; deux mois s'étant encore écoulés, des ordres furent enfin donnés pour que je fusse séparé de mes compagnons, ainsi que le maréchal de camp Natali , le chef de bataillon Ottaviani , et les capitaines Lanfranchi et Medori , tous pour être traduits dans les prisons de Draguignan, département du Var : une décision des ministres nous renvoyait par devant la cour prévôtale : de là , nous adressâmes au roi un nouveau placet en ces termes :

« Sire , le sort des armes avait renversé le roi
» Joachim de son trône. L'île de Corse ne lui avait
» pas refusé l'hospitalité , les supplians s'étaient
» attachés à ses destinées depuis le jour qui avait
» été témoin de son élévation. Cependant, portés
» sur une frêle barque, ils traversent les mers
» et touchent le rivage qui naguère était soumis
» à ses lois. Les supplians suivirent sa fortune,
» n'ayant point été déliés de leurs sermens de
» fidélité. L'Europe a su la mort de celui qui fut
» leur maître.

» Prisonniers d'abord , bientôt le pardon de sa
» majesté Ferdinand IV , ouvrit les portes de leur
» cachot ; des lettres de grâce individuelles leur
» sont accordées , et libres comme l'air qu'ils res-
» piraient , ils voguèrent vers le sol de la patrie où
» les rappelaient de tendres souvenirs.

» Forcés de mouiller à Livourne , ils savent que
» des soldats turbulens de l'équipage ont formé le
» projet de ne point débarquer au port de Bastia ,

» leur destination ; ils demandent une escorte pour
» comprimer les mutins, en cas de besoin ; le gou-
» verneur de Livourne ne consent pas à la leur
» accorder.

» Enfin ils remettent à flots ; et en arrivant à Saint-
» Florent, ils se voient jetés sur un bâtiment de
» l'état. Si des fers suffisaient pour déshonorer, ils
» n'auraient pas survécu à la honte, lorsqu'ils se
» virent resserrés dans les chaines. Mais ils se sont
» dit alors, ce qu'ils osent dire aujourd'hui à votre
» majesté. Des guerriers servaient un maître que
» le sort des batailles avait élevé sur un trône : ce
» maître avait reçu leur serment de fidélité ; ces
» guerriers, tous couverts de blessures, ne pensant
» pas que l'infortune d'un roi pût les délier de la
» foi promise, obéissent aveuglément à la voix qui
» commande ; qui pourrait imputer à crime leur
» fidélité ?

» Leur maître n'avait jamais abdiqué ; pour des
» sujets fidèles il n'avait jamais cessé d'être roi ; au
» jour de son adversité, leur dévouement fut de
» l'héroïsme.

» Sire, vous ne déliâtes pas de leurs sermens
» de fidélité les chevaliers français, lorsque vous
» fûtes toucher la terre d'exil : ces serviteurs
» des fleurs de lis, qui s'attachèrent au sort du
» panache blanc, furent admirés de l'Europe ;
» comme eux, nous avons cru qu'un sujet que
» son roi ne déliait pas de ses sermens, devait
» lui être fidèle à la vie, à la mort.

» Si notre conduite fut digne de blâme, le point
» d'honneur nous égara ; c'est notre excuse.

» C'est à cette considération, sans doute, que sa
» majesté le roi des Deux-Siciles nous accorda des
» lettres de grâce que nous osons mettre aux pieds
» de votre trône. C'est à cette considération, sans
» doute, que nous dûmes cette liberté, dont nous
» aurions pu profiter durant un long trajet de
» la traversée, pour échapper à toutes les persé-
» cutions.

» Mais tel était le calme de notre conscience,
» que toute méfiance nous paraissait un manque
» de respect à votre royale personne. Nous lan-
» guissons aujourd'hui dans les prisons de Dra-
» guignan ; des ordres ministériels nous envoient,
» nous dit-on, devant la cour prévôtale.

» De quoi serions-nous accusés ? D'avoir tenté
» de renverser de son trône le roi des Deux-Siciles,
» qui a proclamé notre pardon ! Les torts qu'a
» oubliés sa majesté Ferdinand IV, sa majesté
» Louis XVIII voudrait-elle s'en souvenir ? Le fils de
» Saint-Louis, qui a donné tant de fois l'exemple
» de la clémence envers des sujets ingrats qui ont
» violé la foi qu'ils lui avaient promise, serait-il
» sans pitié envers ceux dont un prince étranger
» n'a pas voulu se venger ?

» Nous accusera-t-on d'avoir troublé la tranquil-
» lité de la Corse ? Ah que le mensonge et la ca-
» lomnie iraient loin ! Pendant notre séjour dans
» cette île soumise à votre puissance, le drapeau

» blanc a toujours été l'objet de notre respect ; la
» tranquillité publique n'a pas été troublée un seul
» instant.

_ » Sire, les supplians ont appris à l'univers
» comment ils savent garder leurs sermens. La
» mort les a déliés de celui qu'ils avaient fait au
» roi Joachim. Vous êtes le roi ; que votre royale
» puissance ne dédaigne pas le serment de fidélité
» que brûlent de déposer au pied de votre trône les
» soussignés. Votre majesté n'aura pas à douter de
» trouver parmi eux des parjures ; leur sang qui
» a coulé en tant de batailles, leur a appris com-
» ment on peut mourir pour son maître ; mais ils
» n'ont pas encore fait et ne feront jamais l'expé-
» rience de la trahison.

» Sire, vous êtes grand et juste entre les mo-
» narques de la terre ; votre trône devient puissant
» par l'amour de vos sujets ; ordonnez que quelques
» membres infortunés soient rendus à votre grande
» famille : leurs peines, leurs misères, leurs fers,
» ils oublieront tout pour ne se ressouvenir que de
» votre bienfait, soit que votre sagesse juge conve-
» nable de les renvoyer au sein de leurs familles,
» soit que votre bonté leur commande de consacrer
» le reste de leur vie à votre glorieux service.

» Nous avons l'honneur, etc. ; etc. , etc. »

Peu de jours après, le général Giacomoni, grand-
prévôt du département du Var, rendit un compte
fidèle de notre affaire à son excellence le ministre

de la justice, et la cour prévôtale se déclara incompétente pour nous juger.

Ensuite de cette décision, les pièces de notre procédure furent envoyées au même ministre, d'après ses ordres. A cette occasion je me décidai à adresser au ministre un mémoire qui fut mis à l'appui de la procédure que M. le procureur du roi de Draguignan adressa à son excellence le ministre de la justice ; elle était conçue en ces termes :

« Le général Franceschetti, le maréchal de camp » Natali, le chef de bataillon Ottaviani, les capi- » taines Medori et Lanfranchi, remontrent qu'ils » sont détenus dans les prisons de Draguignan.

» Une plainte a été dirigée contre eux ; quel est » leur crime ?

» Il consiste, dira-t-on, à être entrés en ennemis » sur les terres de sa majesté Ferdinand IV. Cette » accusation ne demande qu'une seule réponse :

» Sa majesté Ferdinand les a pardonnés.

» Les lettres de grâce qui se trouvent insérées à » la suite du présent mémoire en font foi (1).

---

(1) FERDINAND IV, par la grâce de Dieu, roi des Deux-Siciles et de Jérusalem, infant d'Espagne, duc de Parme, Plaisance et Castro, grand-prince héréditaire de la Toscane.

Au président et aux juges de la cour criminelle de la province de la Calabre ultérieure, séant à Monteleone.

Dominique-César Franceschetti, fils de Joseph et de Françoise de Figarelli, natif de Bastia, en Corse, âgé de quarante

» Appuyer ces lettres de grâce des raisonnemens,
» déduits de la nature des choses et des principes
» de la législation, serait faire outrage, s'il est
» permis de s'exprimer ainsi, à sa majesté Louis
» XVIII, puisque ce serait révoquer en doute les
» égards que sa royale puissance ne manque pas
» d'avoir pour un acte émané d'une tête couronnée,
» de son auguste allié.

» Les suppliants croient donc ne pas devoir s'appe-
» santir sur ce chef d'accusation; leur profonde
» vénération pour les hautes vertus de sa majesté
» leur en fait un devoir.

---

ans, de condition ex-général, un des compagnons de Joachim
Murat, dans l'entreprise que ce dernier avait conçue d'ex-
citer nos peuples à la révolte contre l'autorité royale, et
d'allumer dans nos états la guerre civile.

Voulant préférer la miséricorde à la rigueur des lois,
nous avons déclaré et déclarons faire grâce au dit Dominique-
César Franceschetti que nous relevons de la punition qu'il
a encourue, à condition qu'il ne pourra à l'avenir, en quelque temps et pour quelque cause que ce soit, rentrer dans
nos états, sous peine, en cas de transgression, de perdre le
bénéfice de la grâce qui lui est accordée, et d'être jugé par
une commission militaire.

Nous commandons et ordonnons que les présentes lettres
de grâce soient remises audit Dominique-César Franceschetti,
pour sa garantie.

Donné en notre palais royal de Caserta, le 6 décembre
1815.

FERDINAND B.

8.

» Les accusera-t-on d'avoir tenté d'insurger la
» Corse?

» Cette accusation serait absurde; jamais une
» pareille idée n'a pu entrer dans l'esprit des sup-
» plians; s'ils ont été engagés à un prince infortuné
» par la force de leurs sermens, jamais ils n'ont
» cessé d'entendre la voix de l'honneur, qui leur
» disait quel était le respect qu'ils devaient au
» gouvernement de sa majesté Louis XVIII.

» D'ailleurs veut-on se convaincre du contraire,
» il suffit, pour cela, de jeter un coup d'œil rapide
» sur la déposition des témoins entendus dans la
» procédure.

» On s'aperçoit d'abord aisément que M. Don-
» nadieu, premier témoin, ne chercha pas à leur
» être favorable, et cependant sa déposition est
» une véritable justification.

» Durant son séjour au Vescovato, il a reconnu,
» dit-il, le général Franceschetti pour être entiè-
» rement dévoué au prince, et il a surpris ce dis-
» cours de sa bouche : « Il faut défendre le roi
» Joachim contre les attaques des brigands. » Eh
» bien, le général voulait le défendre contre les at-
» taques illégales des corps francs qui s'étaient
» formés sans ordres, et portaient la terreur dans
» l'île. Dans la déposition du même témoin on voit
» un discours de M. Colonne Ceccaldi, beau-père
» du général, qui exprime le même sens.

» Le témoin ajoute que le nommé Paoli proposait
» l'insurrection de l'île, mais que ce projet fut

» repoussé; et il assure que MM. Franceschetti et
» Natali et d'autres qui entouraient le roi n'étaient
» nullement dans cette intention; à tel propos le
» général lui exprima même combien il était éloi-
» gné d'une pareille idée.

» Que faut-il de plus, pour demeurer convaincu
» qu'il n'y a jamais eu de projet d'opérer une ré-
» volte dans la Corse, et que ce qui a été fait
» pour un prince malheureux, n'a jamais été dicté
» que par les sentimens de bienséance et de recon-
» naissance, et non par l'idée d'une trahison en-
» vers sa majesté Louis XVIII?

» Surtout si on examine aussi la partie de la
» déposition du même témoin qui déclare que le
» drapeau blanc n'a pas cessé de flotter sur le
» clocher du Vescovato.

» Après cela, que devient la partie de sa déposi-
» tion où il parle de soldats rassemblés au Vesco-
» vato, enregimentés, soldés, harangués, etc., etc.?

» D'abord on lui répond : qu'il convient lui-même
» ne pas savoir qui les amenait au Vescovato, et on
» lui observe, en outre, que le prince excitait une
» curiosité qu'un nombre de gens venait satisfaire
» sans autre but, sans autre motif; on lui répond
» encore, que jamais on n'a enrégimenté ni soldé
» personne au Vescovato : les témoins Orsati,
» Franceschi, Francini, Vanucci, Buttofuoco et
» Semidei, Poggi, Bonelli, Oletta, qui en font foi,
» lui donnent un démenti formel; on lui répond,
» enfin, que si le général a harangué ceux qui,

» avec lui, entouraient le prince, ces discours que
» lui témoin a retenus et qu'on a si souvent rap-
» pelés, sont bien loin d'être contraires au gou-
» vernement de sa majesté Louis XVIII.

» La fin de la déposition de ce premier témoin
» ne roule que sur des ouï-dire; il n'a pas en
» effet suivi le prince à Ajaccio; il prétend cepen-
» dant qu'il y entra de force, qu'il s'y établit mi-
» litairement, etc., etc.

» Ces ouï-dire sont facilement détruits par les
» témoignages du sieur Fratini qui déclare qu'au-
» cune force militaire ne s'opposa à l'entrée du
» prince à Ajaccio.

» Le sieur Fratini contredit en outre le sieur
» Donnadieu, en ce qui concerne l'existence des
» prétendues proclamations dont il avait parlé.

» En résumé donc, de toutes les dépositions des
» témoins, il résulte que le général Franceschetti
» et le maréchal de camp Natali n'ont jamais eu
» l'intention de soulever la Corse; qu'ils ont tou-
» jours respecté et fait respecter l'autorité de sa
» majesté Louis XVIII; que le devoir qu'ils ont
» rempli auprès du roi Joachim était celui de
» sujets fidèles; mais qu'ils n'ont jamais usé de
» cette fidélité d'une manière contraire au gouver-
» nement français.

» Pour ce qui concerne les sieurs Ottaviani,
» Lanfranchi et Medori, il n'est pas même question
» d'eux dans l'instruction de la procédure.

» Le général produit, en outre, un certificat

» signé par tout ce qu'il y avait de plus recom-
» mandable dans la Corse (1).

» Le comte Amédée De Willot, gouverneur de
» l'île atteste lui-même que tous les renseignemens
» qu'il a pris lui ont prouvé que la conduite du
» général envers le roi Joachim a été dictée par les
» sentimens de l'honneur et par la reconnaissance,
» et que celle envers le roi de France est sans re-
» proche. Ces attestations honorables ne seront

____

(1) « Nous soussignés, à ce requis par la dame Catherine
Franceschetti, certifions que le général Franceschetti, mari
de ladite dame, a toujours joui de la réputation d'un homme
irréprochable, tranquille et aimant le bon ordre.

» En foi de quoi, pour rendre hommage à la vérité, nous lui
avons délivré le présent certificat pour lui servir et valoir en
ce que de raison.

» Bastia, le 28 août 1816.

» Jucheron Saint-Denis, colonel, chef d'état-major de la
23ᵉ. division militaire; Sisco, avocat général à la cour royale
de Corse; Farinole, conseiller; Buccheciampe, *idem*; Palla-
vicini, président du tribunal civil à Bastia; Louis de Jucheron,
procureur du roi au même tribunal; Lota, président du tribunal de commerce; Pierre Bajetta, curé de Saint-Jean;
Dominique Rivarola, inspecteur principal des forêts; Sopey,
inspecteur des douanes de la Corse; Graziani, ci-devant président du tribunal civil; Rigo, ci-devant procureur du roi;
Romualdo de Figarelli, maire de la ville de Bastia; Pasqualini, premier adjoint; François de Sansonetti, juge de paix
de Bastia; Biguglia, lieutenant de police en Corse; Jean-
Baptiste Lota, commandant la garde nationale, etc., etc. »

« Je certifie à tous ceux qu'il appartiendra, que d'après les

» sans doute pas perdues de vue ; profitant au gé-
» néral , à coup sûr elles feront pencher aussi la
» balance en faveur de ses compagnons d'infortune
» qui n'ont qu'un grade moins élevé que lui.

» Les supplians restent donc entièrement con-
» vaincus, monseigneur, que la liberté ne tardera
» pas à leur être rendue, cette liberté qu'ils de-
» vront à la générosité de sa majesté Ferdinand IV,
» et à la sagesse, à la justice de sa majesté

---

renseignemens qui m'ont été fournis , la conduite morale du
sieur Franceschetti a été toujours pure et sans tache.

» Bastia, le 29 août 1816.

» Le sous-préfet de l'arrondissement.

» DE PETRICONI. »

« Les maires de la commune de Vescovato, Grégory,
Giattoni , adjoint ; le maire de la Venzolasca, Sebastiani Pe-
trignani, François Luciani , adjoint; le maire de Loreto,
F. Gavini, F. Costa, adjoint ; le maire de la Porta-d'Ampu-
gnani, Doria, Vitini, adjoint ; le maire de Silvareccio, Pasqualini, J. Morrachini, adjoint ; le juge de paix du canton de
Casinca, Paoli. »

« Tous les renseignemens que j'ai été à portée de prendre sur
le général Franceschetti , m'ont prouvé que la conduite qu'il
a tenue à l'égard de Joachim Murat, a été déterminée par le
sentiment de la reconnaissance qu'il a cru lui devoir, et qu'il
n'avait rien fait, à son arrivée en Corse, contre l'autorité
du roi.

» Le lieutenant général, gouverneur de la 23e. division militaire.

» Le comte AMÉDÉE DE WILLOT. »

» Louis XVIII, ils la consacreront à bénir les
» mains qui brisèrent leurs fers, heureux s'ils pou-
» vaient l'employer au service du petit-fils de
» Henri IV. Ils ne savent pas transiger avec les sen-
» timens de la fidélité; tout leur sang serait prêt
» à couler pour le trône de France, si l'auguste
» prince, qui y fait briller ses hautes vertus, dai-
» gnait le leur permettre. Ils ont l'honneur, etc. »

M. le procureur du roi reçut la lettre suivante
en réponse de son rapport.

« Paris, le 22 octobre 1816.

» Monsieur,

» J'ai reçu avec votre lettre du 25 septembre der-
» nier, les pièces de la procédure commencée contre
» les sieurs Franceschetti, Natali, Medori, Otta-
» viani et Lanfranchi, et le jugement par lequel la
» cour prévôtale du Var s'est déclarée incompé-
» tente dans cette affaire.

» D'après cette décision, comme l'instruction n'a
» fourni aucune preuve de l'existence du complot
» qui paraissait avoir été formé par Murat, de
» soustraire la Corse de l'obéissance à sa majesté,
» je ne pense pas qu'il y ait lieu à donner d'autre
» suite à cette affaire.

» Le ministre secrétaire d'état de la police géné-
» rale, pouvant juger nécessaire de prescrire des
» mesures de surveillance à l'égard des individus
» dont il s'agit, je vous charge de les tenir à sa dis-

» position. J'ai invité ce ministre à prendre promp-
» tement une décision sur leur sort.

Le ministre de la justice ;

» Signé DE SERRE. »

Enfin, le 16 janvier 1817, les portes de la prison dans laquelle nous gémissions nous furent ou-
vertes, et nous eûmes, le 16 février, la liberté de
nous rendre au sein de nos familles, à la suite de
la lettre suivante ;

« Paris, le 6 janvier 1817.

» Monsieur le préfet, je vous autorise, en vertu
» d'une décision du conseil d'état, à mettre définiti-
» vement en liberté les cinq officiers corses, acquittés
» par la cour prévotale du Var, qui sont à Dra-
» guignan. Ces individus devant trouver dans leur
» pays les ressources qui leur manquent sur le con-
» tinent, vous donnerez les ordres convenables
» pour qu'ils puissent rentrer le plus tôt possible
» dans leurs foyers.

» Je donne avis de cette décision à M. le préfet
» de la Corse, et je lui transmets les instructions
» convenables. Je vous recommande de me donner
» avis de leur embarquement.

» Le ministre de la police

» DECAZES. »

Que l'on juge, d'après le récit que je viens de faire
des peines, des fatigues, et des tourmens de toute

nature auxquels j'étais en butte depuis l'arrivée du roi Joachim en Corse, quelles furent les sensations que j'éprouvai lorsque je fus rendu à la liberté. Je ne perdis pas un instant pour rejoindre ma famille à Bastia ; les lettres que je lui avais écrites de Draguignan l'avaient un peu tranquillisée.

Mon épouse, abattue par le chagrin dont elle était dévorée, étant venue à Draguignan pour y partager mes peines, et par l'inquiétude qu'elle avait sur mon sort, fut atteinte d'une maladie qui faisait craindre pour ses jours ; notre retour et les soins que je lui prodiguai, contribuèrent bientôt à rétablir sa santé.

Nous fûmes rendus à nos enfans au Vercovato, aussitôt que ce voyage fut possible.

Mais hélas ! quelle que soit la jouissance que je puisse éprouver en me retrouvant au milieu de mes parens et de mes amis, le souvenir des souffrances dont le malheureux prince auquel j'avais consacré ma fortune et ma vie a été accablé ,..... la fin aussi tragique qu'inattendue qui a terminé ses jours ; l'ingratitude qu'il a éprouvée pour toute récompense de la part de gens qu'il avait comblés de bienfaits ; la lâcheté cruelle avec laquelle il a été abandonné par ses propres parens à Ajaccio, et par ceux qui, s'étant attachés à sa fortune, devaient à l'honneur de s'associer à son sort, puisqu'ils avaient juré de mourir pour lui : ce souvenir, dis-je, sera sans cesse présent à mon imagination, et, je ne crains pas de le dire, troublera, jusqu'à la fin de mon existence, le bonheur le plus parfait que je puisse désormais espérer.

La correspondance, relative à ma réintégration au service du roi de France, ne pourra être que d'un médiocre intérêt pour le public. Cependant, comme j'ai dû nécessairement avoir des relations avec la reine Caroline, que les détails de cette correspondance peuvent intéresser le public, et servir à la justification de ma conduite, je n'attendrai pas qu'elle prononce sur l'ouvrage que je lui présente, pour me décider à lui soumettre des pièces qui pourront encore l'intéresser.

PIÈCES JUSTIFICATIVES.

PIÈCES JUSTIFICATIVES.

N°. Iᵉʳ.

Vescovato, le 25 août 1815.

A M. le colonel Verrière, commandant la Corse.

Monsieur le colonel, je croirais manquer au devoir d'un fidèle sujet de sa majesté Louis XVIII, si je ne vous rendais pas compte de la surprise inattendue qui m'est arrivée vers midi, surprise agréable ; car je puis donner l'asile à un voyageur, tel que le roi Joachim, qui est venu chez moi pour se reposer après un voyage par mer, dont il est infiniment fatigué.

Mais attendu que jamais je n'ai pensé à manquer au gouvernement ni à ma nation, j'ai l'honneur de vous prévenir, monsieur le commandant, que ce malheureux prince n'a d'autre vue que de trouver un asile sûr, jusqu'à ce qu'il puisse faire valoir ses droits auprès de sa majesté Louis XVIII. Il est bien loin de s'occuper d'aucun fait, ni de se mêler avec qui que ce soit pour troubler la tranquillité publique dans notre pays.

Il dort cette nuit chez moi ; j'ignore à quoi il pourra se décider par la suite.

Je crois de mon devoir de vous en faire rapport, soit en ma qualité de fidèle sujet de mon souverain, soit pour satisfaire aux fonctions de maire de ma commune.

J'ai l'honneur d'être, etc., etc.

COLONNA CECCALDI, maire.

N°. II.

Bastia, le 26 août 1815.

Monsieur, la lettre que vous m'avez fait l'honneur de m'écrire hier m'est parvenue ce matin (1). Votre déclaration, et comme magistrat, et comme citoyen, fait votre éloge ; car vous sentez que, dans les circonstances actuelles et dans l'état de fermentation où se trouve la Corse, votre silence vous aurait singulièrement compromis aux yeux de sa majesté Louis XVIII, et aurait pu compromettre également la tranquillité de l'île de Corse, tranquillité que je cherche à maintenir par tous les moyens qui sont en mon pouvoir, comme le premier élément de bonheur des habitans de ce pays. Peu après la nouvelle de l'arrivée du général auquel vous avez donné l'hospitalité, je savais déjà qu'il était retiré chez

____

(1) Le colonel reçut la lettre le même jour, vers les trois heures après midi. Cet accusé de réception n'est pas sincère de sa part.

vous ; mais comme tous les hommes ne sont pas raisonnables, cet événement a fait faire sur-le-champ des conjectures dont sont résultés quelques rassemblemens que nous avons eu de la peine à dissiper ; vous voyez, monsieur, que les habitans de la ville de Bastia, ainsi que ceux des campagnes, amis de l'ordre et de la tranquillité, verraient avec peine, que quelqu'un vînt troubler leur félicité : c'est donc en leur nom, et au mien particulièrement, que je vous prie de représenter à votre hôte combien son séjour en Corse peut nuire à votre pays ainsi qu'à votre personne ; je me plais à croire aux sentimens que vous m'exprimez : c'est dans cette hypothèse que je vous engage à presser ce général de hâter son départ pour un autre pays.

Si pourtant cet étranger croit devoir faire valoir sa justification auprès de sa majesté Louis XVIII, il convient qu'il se rende à Bastia où il pourra attendre le résultat, et tranquilliser par-là notre ville et nos campagnes ; il sera logé dans la citadelle autant commodément que les localités le permettront.

Vous avez dû recevoir un officier de gendarmerie qui a ordre de vérifier les passe-ports de votre voyageur et de lui faire connaître mes intentions.

Cet officier est également chargé de lui servir de sauvegarde jusqu'au point de son embarquement.

Agréez, monsieur, l'assurance de ma considération distinguée,

Le colonel d'artillerie VERRIÈRE.

9

Réponse à la lettre du colonel.

Vescovato, 26 août 1815.

Monsieur le colonel, j'ai eu l'honneur de recevoir votre dépêche de ce jour, vers les deux heures après midi ; je l'ai communiquée à mon hôte qui m'a répondu, qu'il pense que son opinion et sa conduite sont bien loin de faire jeter sur lui le moindre soupçon.

Il ne s'est retiré ici que pour attendre la réponse de son excellence Fouché, ministre de la police générale, auquel il a demandé ses passeports, afin de pouvoir se retirer, librement et sans crainte, chez la nation qui lui sera la plus convenable, en cas qu'il fût décidé qu'il ne peut habiter la France.

Pendant le temps qu'il résidera dans mon pays, je vous réponds personnellement qu'il n'arrivera de sa part aucun inconvénient; si cependant des individus, qui prétendraient être plus attachés au gouvernement français que moi, voulussent faire naître des soupçons et se servir de ce prétexte pour troubler la tranquillité privée et publique, je vous prie de croire que c'est en vain qu'ils se flattent d'être meilleurs sujets que moi de sa majesté Louis XVIII auquel j'ai été toujours dévoué, et prêté serment de fidélité.

Voilà, monsieur le colonel, quels sont les sentimens qu'un vieux militaire d'honneur professe en face d'un gentilhomme duquel il a l'honneur de se dire etc., etc.

Colonna Ceccaldi.

N°. III.

Le colonel Verrière écrivit au maire de Vescovato la lettre suivante :

Bastia, le 6 septembre 1815.

Monsieur, j'avais lieu de penser, d'après vos lettres du... août dernier, que le séjour, dans votre maison, du général Murat ne troublerait en rien la tranquillité de la Corse ; cependant votre hôte a levé un petit corps de troupes de 200 hommes environ et en augmente le nombre chaque jour.

On assure également qu'il paie cette troupe, qu'il donne des récompenses, accorde des grades et des décorations aux officiers ; tout cela est visiblement en contradiction avec ses protestations et les vôtres, et cause des troubles en Corse, en jetant l'épouvante dans quelques provinces.

Je vous prie de me faire connaître, par le retour de l'ordonnance porteur de cette lettre, si tout ceci est vrai et dans quel objet ce rassemblement a lieu dans votre commune, sans que j'en sois informé ; je vous avoue que j'avais peine à y croire, parce que je me rappelais toujours vos lettres. Ah ! monsieur Ceccaldi, je crains bien que par obligeance vous ne vous soyez compromis d'une manière à vous

9.

causer des regrets ; croyez-moi , et je vous parle le langage de la franchise , engagez , sollicitez , pressez même le général Murat de quitter votre demeure, et d'aller attendre ses passe-ports dans un autre pays que la Corse , parce que je n'entrevois rien de satisfaisant dans l'avenir , ni pour lui , ni pour vous , en prolongeant plus long-temps son séjour dans ce pays.

J'ai l'honneur , etc., etc.

Le colonel Verrière.

Réponse du maire de Vescovato.

Le 6 septembre 1815.

Monsieur le colonel, j'ai reçu votre lettre amicale et confidentielle de ce jour, et après l'avoir attentivement lue , j'ai pris en considération les observations que vous me faites.

Je m'étais bien imaginé qu'on ne cesserait de vous faire des rapports, afin de vous faire croire ce que vous m'écrivez.

Mes dernières lettres des 25 et 26 du mois dernier auraient dû, monsieur le colonel, vous faire entièrement connaître la pureté de mes sentimens, et que je n'aurais jamais démenti, en aucune occasion, mes sermens de fidélité à mon légitime souverain, Louis XVIII.

Je ne connais ici , ni n'ai jamais connu dans ma commune aucun rassemblement de troupes, et le souverain que je loge chez moi est bien loin de mériter les soupçons que l'on jette sur lui. A la vérité il est arrivé en cette commune, et il en arrive et en part tous les jours, plusieurs officiers, ainsi que des sous-officiers et soldats, pour témoigner à leur ancien souverain, qui les avait nourris et décorés, l'hommage de leur reconnaissance.

Il n'est pas à ma connaissance qu'il ait délivré, à qui que ce soit des décorations ; mais il pourrait se faire qu'il eût délivré, en sa qualité de roi de Naples, titre qu'il n'a pas abdiqué, étant encore moins dans l'intention de le faire, des certificats témoignant qu'il les leur avait accordées dans le temps.

Soyez tranquille, monsieur le colonel, et je vous en réponds ; les sentimens de mon hôte sont trop élevés pour qu'ils puissent donner lieu à le compromettre, et bien moins encore ceux qui ont le bonheur de le posséder chez eux. Et en assurance de ce que j'ai l'honneur de vous avancer, je renouvelle aujourd'hui ma soumission de garant personnel. Quant à son départ, je le crois fixé, mais je croirais mentir si je vous en précisais l'époque.

J'ai l'honneur, etc. , etc.

COLONNA CECCALDI.

N°. IV.

Vescovato, le 15 septembre 1815.

Le corps municipal de ladite commune, à M. le colonel Verrière.

Il s'est répandu ici un bruit alarmant. On nous a rapporté que l'on combine des mouvemens, et qu'une marche est ordonnée pour s'emparer de notre village; nous avons lieu d'être surpris d'un semblable procédé, quoique nous n'y ajoutions aucune foi. Serait-ce, par hasard, à cause de l'acte d'hospitalité que nous avons exercé envers un souverain, qui est venu se réfugier parmi nous? Vous n'ignorez pas que cette vertu est la caractéristique de la Corse.

Le respectable voyageur se rappelant avec plaisir les bienfaits qu'il avait faits aux Corses, durant sa prospérité, crut de ne mieux faire, pour fuir les persécutions qu'il éprouvait en France, que de demander un asile provisoire à ses bénéficiers. Cet acte de simple reconnaissance ne saurait être imputé à délit, et nous ne croyons pas avoir pour cela démérité de notre légitime souverain, Louis XVIII, auquel nous jurons fidélité et soumission.

C'est pourquoi, monsieur le colonel, afin de détruire totalement les faux bruits qui courent, ainsi que les imputations que des individus, ennemis de l'ordre et de la tranquillité, voudraient nous faire, nous nous croyons en devoir de vous faire les deux propositions suivantes :

1°. Qu'il soit accordé à notre hôte, qui est bien éloigné de nourrir dans son sein les sentimens qu'on lui suppose, mais simplement pour exécuter les ordres du gouvernement, un bateau, capable de contenir sa personne et sa faible suite, et d'avertir tous les agens du gouvernement de son départ.

2°. De l'assurer, par écrit, qu'il pourra vivre tranquillement sous la garantie et protection du gouvernement, jusqu'à ce qu'il ait été statué définitivement sur son sort par le ministre de sa majesté Louis XVIII, d'accord avec les puissances alliées, à la décision desquelles il promettra même par écrit de se conformer.

Quant à ce que l'on peut vous avoir dit, relativement aux attroupemens et recrutemens, nous n'en connaissons point. Plusieurs soldats qui avaient servi sous ses étendards, à Naples, qui se disaient dans la misère, sont venus lui présenter leurs hommages, et demander des secours.

La plupart ont été renvoyés, et il n'en reste qu'un petit nombre qui va en diminuant de jour en jour.

C'est pourquoi nous espérons, monsieur le colonel, que vous ferez suspendre la réunion que fait M. Galloni, à l'effet d'envahir notre pays ; cette mesure est indispensable pour éviter tout inconvénient, et empêcher la guerre civile ; et les sieurs Simon Buttafoco, capitaine, et Pierre Limarola sont députés par nous pour mieux vous informer de vive voix de la vérité de notre exposé.

Dans l'espoir où nous sommes de recevoir une réponse qui nous fera connaître la sagesse et la justice de vos intentions, nous avons l'avantage de vous assurer de notre respect.

Les membres du conseil municipal, etc., etc.

Colonna Ceccaldi, maire;
Ange-Antoine Buttafoco, adjoint.

Cette lettre fut remise en propre main au colonel Verrière, par MM. les députés. Après les avoir écoutés et accueillis avec bienveillance, il leur dit qu'il avait accordé au roi Joachim le bateau qu'il demandait, et il leur fit connaître que par un ordre du jour, qu'il avait enregistré, il avait destitué le chef de bataillon Galloni de ses fonctions de chef d'état-major, et il les autorisa à repousser par la force le sieur Galloni, ou tout autre qui se serait présenté à leur village pour leur en imposer.

Il leur promit qu'il leur serait donné copie dudit ordre du jour; mais les députés s'étant présentés chez lui, au moment de leur départ, ils le trouvèrent d'un avis contraire : au lieu de l'ordre du jour, il leur remit tout bonnement la présente proclamation :

« Habitans et Soldats,

» En prenant le commandement provisoire de la » division, mon but a été de maintenir la paix et

» la tranquillité qui régnaient en Corse ; les citoyens
» et leurs subsistances furent mis sous la garantie
» des lois , les esprits ne respiraient que le repos et
» le bonheur.

» Un génie malfaisant semble être venu parmi
» vous pour y allumer la discorde , et nous exposer
» aux plus grands malheurs.

» M. Murat, ne trouvant pas de sûreté en France,
» s'est réfugié en Corse où les lois de l'hospitalité
» sont sacrées ; il a cherché un asile dans la maison
» de M. Colonna Ceccaldi , maire de Vescovato ; ce
» fonctionnaire public n'a rien épargné pour as-
» surer le gouvernement que son hôte n'avait au-
» cune intention hostile ; il s'en est rendu respon-
» sable.

» Les officiers , sous-officiers et soldats, qui avaient
» servi sous M. Murat lorsqu'il était roi de Naples ,
» se sont portés de différens points de l'île au Ves-
» covato ; on a fait croire que c'était simplement
» pour voir leur ancien roi ; cependant le nombre aug-
» mentait de jour en jour ; des hommes sont payés ,
» des compagnies sont organisées, l'on se permet
» de recruter ; on entretient des correspondances
» coupables avec Bastia , et on menace ouvertement
» de marcher sur cette ville pour s'en emparer.

» Monsieur le maire de Vescovato aurait dû dis-
» soudre les attroupemens qui ont eu lieu dans
» sa commune, et la conduite qu'il a tenue en cette
» occasion l'a rendu rebelle à la loi et à son sou-
» verain.

» Tous ceux qui auront une communication quel-
» conque avec la commune de Vescovato, qui re-
» cevront la solde de M. Murat, qui seconderont
» directement ou indirectement ses manœuvres,
» seront arrêtés et punis comme traîtres et re-
» belles.

» Il est enjoint à tous les maires de redoubler de
» zèle et de surveillance pour nous les désigner, et
» de se tenir prêts à se montrer à la tête des habitans
» de leurs communes, lorsque le cas l'exigera, et
» sur les points qui leur seront indiqués.

» Deux autres compagnies d'élite sont organisées,
» pour garder les forts au-dessus de Bastia, afin de
» garantir la ville de toute surprise.

» Habitans et soldats de l'île de Corse, faites
» connaître en cette circonstance que si votre pen-
» chant naturel est d'accorder l'asile aux malheu-
» reux, vous savez aussi punir le perturbateur qui,
» violant les lois de l'hospitalité, veut troubler
» votre tranquillité, et vous exposer aux horreurs
» de la guerre civile.

» Montrez-vous dignes de la bienveillance de sa
» Majesté, et donnez-lui de nouvelles preuves d'a-
» mour, de fidélité et de dévouement.

» Bastia, le 15 septembre 1815.

» Le colonel VERRIÈRE. »

N°. V.

23e. division militaire. — Ordre du jour.

Conformément aux dispositions de l'ordonnance du roi, en date du 20 juillet dernier, inscrite au bulletin des lois n°. 7, monsieur le chef de bataillon Galloni, nommé par moi chef de l'état-major provisoire de la division, par mon ordre du jour du 19 août dernier, fut envoyé par mon ordre le 28 août en Balagna, dans l'objet d'y dissoudre les compagnies franches, commandées par messieurs N. N.

Cet officier supérieur, au lieu de dissiper les compagnies en faisant rentrer dans leurs foyers les hommes qui les composaient, s'est, de son chef et contre mes ordres, arrogé le droit d'en créer de nouvelles, pour la solde desquelles il a dû frapper arbitrairement et contradictoirement aux lois, une contribution sur les habitans de cette province.

M. le chef de bataillon Galloni, ayant en outre méconnu mon autorité, en refusant d'obtempérer aux ordres réitérés que je lui ai donnés de se rendre sur-le-champ à Bastia où son service l'appelait, s'est rendu indigne de continuer les fonctions dont il avait été chargé.

En conséquence, je nomme à son remplacement dans les fonctions de chef d'état-major provisoire de la division, M. le capitaine Tanaille-Voulabelle, adjoint à l'état-major.

Bastia, le 15 septembre 1815.

Le colonel Verrière,

Supplément à l'ordre du jour du 15 septembre 1815.

En conséquence des ordonnances d'autre part, il est formellement ordonné à tous M. les officiers commandant les compagnies franches qui n'ont point été dissoutes, ou qui auraient été créées par toute autre autorité que la mienne, de dissoudre à l'instant leurs compagnies, faute de quoi, et en conformité de l'article 3 de la même ordonnance, ils seront poursuivis et arrêtés, pour être traduits devant un conseil de guerre, afin d'y être jugés conformément aux lois militaires.

Le colonel Verrière.

N°. VI.

Lettre du maire, écrite au colonel Verrière, et restée sans réponse.

Vescovato, le 10 septembre 1815.

Monsieur le colonel, par ma lettre du 6 du courant, j'eus l'honneur de répondre aux sollicitations que vous me faisiez d'engager mon hôte d'évacuer mon village, et attendre ailleurs son passe-port; ainsi qu'au rapport que vous me disiez vous être fait, par des personnes se disant attachées au gouvernement de sa majesté Louis XVIII, que la tranquillité régnant en Corse aurait pu être troublée.

Par madite lettre je croyais avoir assez éclairé et détruit tout ce que l'on voulait imputer à cet égard à une personne exempte de tout soupçon. Afin de les faire disparaître, ce souverain avait pris le parti de quitter la Corse, pour prouver que sa parole, étant celle d'un monarque, était inviolable et sacrée, et que c'était en vain qu'on le soupçonnait.

C'est avec surprise que je viens d'apprendre qu'au moment où sa majesté se disposait à quitter le pays, sans en faire aucun mystère, que l'on a mis embargo pour empêcher son départ, mesure d'opposition tendante à mettre mon hôte dans le cas d'en employer d'autres pour opérer son salut.

Je vois bien que tout cela ne tend à autre chose qu'à faire croire que je veux manquer à la responsabilité que j'ai promise, responsabilité qui aurait été et sera pour moi sacrée, si vous tenez strictement à ce que vous m'avez demandé et promis : mais si cependant la mauvaise foi s'en mêle, et qu'on emploie des moyens indiscrets et vexatoires, je vous déclare hautement, monsieur le colonel, que je ne me crois plus tenu à aucune responsabilité relative à ma promesse.

Vous ne devez pas ignorer, monsieur, que les torts que l'on voudra m'imputer, retomberont sur ceux qui agissent de mauvaise foi ; ne vous fiez pas à ceux qui veulent se donner l'air et le ton d'avoir de plus puissans motifs que moi, à soutenir les droits légitimes de sa majesté Louis XVIII.

Ma conduite, monsieur le colonel, je vous le répète, est sans reproche, et la vôtre pourra vous faire du tort si vous persistez dans votre opinion. En empêchant le roi de Naples d'exécuter son départ, et en arrêtant ses domestiques, et les différens particuliers qu'on envoie à Bastia pour des affaires de famille, cette conduite pourrait vous rendre plus responsable que vous ne le pensez en face du gouvernement français.

Voilà, monsieur le colonel, ce que je me crois en devoir de vous observer, en vous priant de me répondre, afin de me mettre à même de me justifier auprès de sa majesté Louis XVIII et de la société, qui saura rendre justice à qui de droit.

Permettez-moi, monsieur le colonel, de vous rappeler que je tiens auprès de moi copie de toutes les lettres que je vous ai écrites, et l'original des vôtres. Au besoin je les ferai imprimer ; elles me serviront de justification relativement aux mesures que l'on pourrait employer pour empêcher les vexations contre mon hôte. C'est à vous, monsieur le colonel, à prendre les mesures nécessaires pour empêcher tout inconvénient, et à veiller au maintien de l'ordre et de la tranquillité. J'ose me flatter que vous prendrez en considération mes observations, afin que tout se termine sans obstacle et sans reproche.

J'ai l'honneur, etc.

COLONNA CECCALDI.

N°. VII.

La lettre de Serra - Longa fut incluse dans la présente lettre écrite au colonel Verrière par le maire.

Vescovato, le 17 septembre 1815.

Monsieur le colonel, l'hôte qui habitait cette commune vient de partir entre deux et trois heures de l'après-midi ; sans pouvoir vous indiquer la route qu'il a prise , on dit cependant qu'il a pris celle de Cervione.

Il a laissé un paquet sans adresse qu'il m'a chargé de vous envoyer, et de vous inviter à lui donner toute la publicité possible ; vous le trouverez ci-joint ; je me réserve cependant de rendre publique l'njustice que vous m'avez faite dans votre proclamation du 15 courant.

J'ai l'honneur d'être , etc , etc.

Colonna Ceccaldi.

Réponse du colonel.

Bastia, le 18 septembre 1815.

Monsieur le maire , aussitôt la réception de la lettre que vous m'avez fait l'honneur de m'écrire , en date d'hier , et par laquelle vous m'avez annoncé le départ de l'ex-roi de Naples de votre commune , j'ai l'honneur en conséquence de vous prévenir

que je donne ordre de dissoudre tous les rassemblemens qui auraient pu être formés, à l'exception
de celui de M. le chef de bataillon Galloni, le seul
qui a été formé sans mon autorisation, dont j'ordon-
nerai la dissolution aussitôt l'arrivée de M. Galloni
que j'attends dans la journée. J'espère par là rassurer toutes les personnes qui ont pu concevoir
quelque inquiétude sur les mouvemens, et rétablir
le calme dans la Corse.

J'ai l'honneur de vous saluer avec une parfaite
considération.

Le colonel directeur d'artillerie, commandant par intérim
la 23ᵉ. division militaire,

VERRIÈRE.

Nᵒ. VIII.

Lorsque je fus rendu à la liberté, monsieur L..
me fit le présent rapport en date du 15 novembre 1817, de Bastia.

« Monsieur le général, je m'empresse de satisfaire
à votre demande, tenant à vous faire connaître le
résultat de mon voyage.

» Honoré de la confiance de S. M. le roi Joachim,
et par lui chargé d'une mission très-importante et
délicate pour Porto-Ferrajo et Naples, muni d'un
passe-port français pour Florence, je partis de Bastia
le 29 août 1815, à la destination de Porto-Ferrajo.
À cette époque les bâtimens de l'île de Corse étaient
soumis, à l'île d'Elbe et en Toscane, à une quarantaine de sept jours.

» Le 1ᵉʳ. septembre, j'arrivai à Porto-Ferrajo, où je me rencontrai en quarantaine avec le capitaine Lanfranchi revenant de Corse; cet officier quitta Porto-Ferrajo sans prendre l'entrée, et quoique je crusse voir qu'il s'y était rendu pour le service du roi, je ne lui fis aucune confidence sur l'objet de ma mission; mon premier soin fut celui de faire part de l'objet de mon voyage au général Dalem qui commandait la place, et de lui faire remettre la lettre de sa majesté (1).

» La réponse verbale du général me fut portée le lendemain, et la lettre que j'eus l'honneur de vous écrire par le retour de la barque, vous portait les détails de ma première mission dont le résultat aurait été très-heureux, si les intentions de sa majesté eussent été communiquées au général quelques jours auparavant; cependant je sais que ce général fit tout son possible pour rompre la capitulation qui avait été établie, en demandant au commandant des troupes toscanes situées à Longone, une plus forte quantité de pièces de canons pour la France; mais la demande fut aussitôt accordée, on me fit grâce de deux jours de quarantaine, et le 5 septembre, au moment que les troupes toscanes

____

(1) Le roi, à son arrivé en Corse, voulant éviter les persécutions des autorités locales, et connaissant la loyauté et la fermeté du général Dalem, lui écrivit une lettre pour le prévenir qu'il allait se rendre parmi les défenseurs de Porto-Ferrajo, pour mettre en sûreté sa personne.

entraient dans la place, par suite d'une capitulation, et que les troupes françaises s'embarquaient pour Toulon, je fus admis à la libre entrée.

» Je crus de mon devoir de faire visite au général Labi ; le soir même je nolisai un bâtiment, et le 8 au matin j'étais à Livourne ; le soir du même jour, je partis pour Florence, où j'arrivai le 9.

» Là, ma première précaution fut de changer de passe-port, et avec l'aide de mes parens qui sont établis à Florence et qui portent mon nom, je parvins le 11 à en obtenir un pour Naples, qui me qualifiait natif de Gênes et propriétaire en Toscane. Le lendemain à cinq heures du soir, je partis, et le 14 j'étais à Rome.

» Aussitôt que je fus averti par la police que le gouvernement napolitain avait donné des ordres très-sévères à son consul général à Rome, de ne pas permettre qu'aucun voyageur, de quelque nation qu'il fût, et surtout de l'île de Corse, pût se rendre à Naples où personne n'aurait été reçu sans être muni d'une permission royale, je me rendis de suite au consulat de Naples où l'on me répéta cette fâcheuse nouvelle qui retardait le but de mon voyage ; je demandai à parler au consul auquel, après avoir exhibé mon passe-port toscan, je fis les plus vives instances de solliciter auprès du gouvernement, la permission de me rendre à Naples. La réponse du ministre de la police générale du royaume de Naples fut favorable, et le 25 du même mois, le consul m'annonça qu'il avait reçu le placet

du roi pour moi. Je me crus heureux d'avoir obtenu, dans un si court délai, une permission que
d'autres voyageurs français, logeant à la même auberge que moi, attendaient inutilement depuis un
mois.

» Je partis donc de Rome le soir du 26, et le 28
septembre, j'étais à Naples.

» Je crois inutile, monsieur le général, de vous
faire le récit de toutes les demandes qui me furent
faites par la police, pour savoir l'espèce d'affaires
qui me menaient dans cette capitale, où à cette
époque un régiment de mouchards venait d'être
établi pour espionner les pas des étrangers, puisque
l'arrivée de sa majesté en Corse était généralement
connue.

» D'après les ordres de sa majesté, je ne devais
confier ma mission à personne, à l'exception du
général N. Ce fut donc chez lui que je me rendis de
suite ; cet estimable et brave militaire fut ravi de
joie, lorsque je lui annonçai que j'étais envoyé par sa
majesté pour m'informer de l'état de sa santé, et
découvrant en lui les sentimens de fidélité et de reconnaissance envers son maître, je n'hésitai pas
un instant à lui faire voir la mission du roi toute
entière écrite de sa main.

» Aussitôt il me fit connaître la difficulté de réali-
ser, dans cette circonstance, les projets du roi ; il me
détailla la force, la situation du royaume, les sentimens des Napolitains, les préparatifs qu'on faisait pour mettre le royaume à l'abri de toute inva-

sion, et les changemens survenus dans les inten-
dances et dans les ministres, surtout dans celui de
la police. Il me prévint de ne pas confier ma mission à quelques personnes qu'il me nomma, et,
enfin il me donna des conseils très-salutaires pour
ne pas être découvert par la vigilance de la police,
en me priant de quitter Naples, puisque mes jours
étaient en danger.

» Pendant quatre jours j'ai habité Naples; je re-
tournai chez le général N.; il me congédia pour retourner le plus tôt possible auprès de sa majesté en
Corse, muni de tous les détails qu'elle désirait avoir,
et pour l'engager à ne rien entreprendre dans cette
circonstance.

» Vous n'ignorez pas, monsieur le général,
que sa majesté m'avait honoré en même temps
d'une autre mission, en me confiant une lettre
ouverte pour M. Falconet, banquier à Naples,
pour qu'il eût à lui faire passer une centaine de
mille francs.

» J'eus deux conférences avec ce banquier à qui je
fis connaître que la pénurie d'argent, dans laquelle
le roi se trouvait à l'époque de mon départ de la Corse,
était telle que j'avais entrepris ce périlleux voyage
à mes propres frais; il me dit franchement qu'il
n'avait aucune somme disponible pour sa majesté,
et me renvoya à une heure fixe, après laquelle
ajouta-t-il, ses commis ne seraient plus dans ses
bureaux, afin de me donner quelques renseignemens à ce sujet.

» A l'heure précise, je m'y rendis très-exactement.

» Après m'avoir introduit dans ses bureaux, il prit un registre et me fit voir un compte courant, duquel je lui demandai un extrait ; il me le refusa en disant qu'il craignait de se compromettre dans le cas où l'on viendrait à m'arrêter.

» Je me fais un devoir de vous transmettre ici quelques notes qu'il me fut permis de prendre en cette occasion ; car je dois vous dire que le banquier Falconet tremblait plus que moi, par la peur qu'il avait que la police ne s'emparât de ma personne d'un moment à l'autre.

» Le banquier me dit que le comte de Mausbourg avait tiré sur lui des lettres de change, et qu'il aimait à croire que cette opération de là part de ce ministre était l'effet de son zèle pour sauver les fonds de son maître. Il ajouta qu'une autre inscription faite sous son nom sur l'état, pour une rente de cent soixante mille ducats, sauf erreur, venait d'être séquestrée par le ministre Medeci ; enfin il me fit voir une lettre très-récente que le comte de Mausbourg lui écrivait, datée de Bâle en Suisse, du 12 septembre 1815, qui, entre autres choses lui disait, qu'il allait partir pour Paris.

» Aussitôt après cette dernière conférence, je partis de Naples, le 3 octobre, et le 5 j'étais à Rome. Le même jour, d'après les ordres de sa majesté, j'eus l'honneur de me présenter à son altesse madame mère, et à son éminence le cardinal Fesch qui me reçurent avec leur bonté ordinaire, et je leur fis part de ma mission....

» Le 6 octobre, je quittai Rome.

» Enfin le 12, à onze heures du matin, j'étais à Bastia ; mais je vous laisse juger, monsieur le général, quelle fut ma tristesse et mon étonnement, lorsqu'on m'apprit que sa majesté avait quitté la Corse sans attendre mon retour.

» La mission qui me fut donnée par sa majesté, ainsi que toutes les pièces qui la constatent, sont auprès de moi.

» Agréez, etc., etc. »

N°. IX.

Bon pour 90,000 fr.

A dix jours de vue, payez pour une première de change, à l'ordre de M. Bernard Poli, la somme de quatre-vingt-dix mille francs, valeur en compte, que vous passerez suivant l'avis de

Joachim Napoléon.

A M. Joseph Grégory,
négociant à Bastia.

Au besoin chez sa majesté la reine de Naples, en *Autriche.*

Diamans remis à M. le commandant Bernard Poli, par sa majesté le roi de Naples.

I°. Vingt-un brillans recoupés, pesant environ quatre carats chacun.

2°. Une étoile composée d'un gros brillant recoupé, pesant environ douze carats , et trente brillans, formant des angles.

3°. D'un lien de neuf petits brillans, le tout estimé cent mille francs.

Je reçois en gage les diamans ci-dessus décrits, et je m'oblige à les restituer, dès que la lettre de change de quatre-vingt-dix mille francs, que sa majesté le roi de Naples m'a souscrite, sur M. Joseph Grégory, marchand à Bastia, et au besoin sur sa majesté la reine de Naples, sera acquittée ; en foi de quoi j'ai signé la présente pour servir et valoir en tant que de besoin.

Ajaccio, le 27 septembre 1815.

Signé, Bernard Poli.

·CORRESPONDANCE.

EXPOSÉ

DE

MA CONDUITE

DEPUIS LA MORT DU ROI JOACHIM,

SUIVI

DE MA CORRESPONDANCE

AVEC LA REINE,

COMTESSE DE LIPANO,

Après avoir fait connaître ma conduite vis-à-vis du roi Joachim et du gouvernement français, par le mémoire ci-dessus, pour mettre le public plus encore à portée d'en apprécier la loyauté, je donnerai également connaissance de ma correspondance particulière, par laquelle on verra les démarches faites au ministère de la guerre, et celles à ma rentrée en Corse, avec les premières autorités militaires et auprès de la comtesse de Lipano.

On s'étonnera sans doute qu'après avoir été en butte à tant d'adversités, je n'aie pas abandonné toute idée de rentrer au service, et de prendre la détermination de vivre en paix et ignoré dans un coin de la terre.

Les grades que j'avais obtenus et dans lesquels le roi Ferdinand IV, par ses lettres de grâce m'avait reconnu, quoique conférés par son ennemi, suffisaient pour flatter mon amour-propre; je n'entrevoyais que trop, en demandant du service en France, qu'il me serait très-difficile de les conserver; mais aussi je sentais vivement combien il était pénible d'être réduit, à quarante ans, à une inactivité à laquelle mon caractère répugne; le désir que j'avais d'offrir ma fidélité à la patrie, au roi qui la gouverne, la position malheureuse dans laquelle j'ai réduit ma famille par les sacrifices que j'ai exigés d'elle lors du séjour du roi à Vescovato; les dettes que j'ai contractées pendant ma captivité, et l'impossibilité absolue dans laquelle madame la comtesse de Lipano paraît être de venir à mon secours, me déterminèrent à intercéder auprès du comte de Willot gouverneur de la Corse, pour être traité de la même manière que tous les officiers retirés comme moi du service de Naples.

Ensuite du rapport de son excellence le ministre de la justice au ministre de la police générale, lequel fut renvoyé au ministre de la guerre, celui-ci ordonna à ma sortie des prisons, au baron Montailleur, général commandant le département du Var, de demander mes états de service, en le chargeant de me prévenir des dispositions prises pour me faire toucher à Toulon un mois de demi-solde , dans mon dernier grade à titre de secours.

Le général m'ayant communiqué les intentions de son excellence, je lui répondis la lettre suivante :

« Draguignan, le 24 janvier 1817.

» Général,

» J'ai l'honneur de vous transmettre ci-joint mes
» états de services ; il m'est impossible d'y joindre
» des pièces à l'appui, attendu qu'elles m'ont été
» enlevées en Calabre, lors de mon arrestation. Ma
» mémoire m'a assez tracé les détails des notes , et
» j'oserais presque en garantir l'exactitude, à quel-
» que légère différence près.

» Parmi les pièces que j'ai l'honneur de vous
» adresser, se trouve comprise la lettre de grâce
» qui m'a été accordée par sa majesté Ferdinand IV.
» Je désirerais, général , que mes services pussent
» être agréables à sa majesté. J'ai donné d'assez
» grands exemples de dévouement , et j'ai assez
» prouvé avec quel inviolabilité religieuse j'ai gardé
» mes sermens, pour qu'on soit bien convaincu que
» si sa majesté me permettait de consacrer le reste
» de mes jours à son service, je lui serais aussi fi-
» dèle que je l'ai été au souverain que j'ai servi,
» et pour lequel je viens d'éprouver tant de mal-
» heurs et de disgrâces.

» Je saisis avec empressement cette circonstance,
» général, pour vous prier d'agréer l'hommage de
» ma haute considération, etc. »

En arrivant en Corse, mon premier devoir fut
d'écrire au général Giacomoni, grand-prevôt du département du Var, puis à la comtesse de Lipano la
lettre suivante :

« Bastia, le 8 avril 1817.

» Madame,

» Je profite des premiers instans de ma précieuse
» liberté pour m'acquitter d'un devoir trop pénible à
» mon cœur, celui de tracer à votre majesté la série
» funeste des événemens qui ont précédé et suivi
» la catastrophe qui a eu lieu au Pizzo. J'ai pensé
» que mon dévouement, dont je viens de donner
» des preuves éclatantes aux yeux de l'Italie entière,
» m'en aurait dispensé; mais il a fallu céder, mal-
» gré moi, à la voix impérieuse de l'honneur.

» Rentré dans mes foyers après l'évacuation du
» royaume de Naples, je vivais dans l'obscurité à
» la campagne chez mon beau-père Colonna Céc-
» caldi à Vescovato, lorsque, contre mon attente, le
» roi mon maître après avoir long-temps erré dans
» le midi de la France, vint, le 25 août, me de-
» mander l'hospitalité. Étonné d'un événement aussi
» imprévu, et réjoui à la fois d'accueillir mon sou-
» verain dans sa disgrâce, je me jette à ses pieds,
» je lui offre ma petite fortune, je le rassure, sur
» ma tête et sur celle de mes enfans, des inquié-
» tudes qu'il paraissait avoir encore pour ses jours;
» je le couvre pour le moment de mes habits, et lui
» fournis enfin tous les secours dont il avait exacte-

» ment besoin; de sorte que, vivant tranquille au
» sein de ma famille qu'il avait daigné honorer,
» il ne tarda pas à oublier même les souffrances
» qu'il avait endurées sur le continent de la France.

» Pendant plusieurs jours, il n'avoua d'autres in-
» tentions que celle d'attendre les passe-ports qu'il
» avait sollicités pour rejoindre votre majesté en Au-
» triche. Indigné ensuite de leur retard, il me confia
» la résolution de reconquérir son royaume; effrayé
» d'un tel projet, je me crus obligé de tout mettre
» en ouvrage pour l'en dissuader; je lui traçai tous
» les dangers qu'il avait à courir; je lui démontrai
» enfin l'impossibilité même d'y pénétrer; mais
» il était tellement rempli de son projet, que rien
» ne put l'en détourner.

» Ce fut alors qu'appréciant plus que jamais ma
» qualité de sujet fidèle, je crus de mon devoir de
» suivre mon souverain dans son infortune, pour
» y partager ses peines et ses dangers, et oubliant
» jusqu'au souvenir d'être père, je pris congé de
» ma famille dans la certitude de ne plus la revoir.
» Arrivés, après tant de désastres, à l'endroit fatal
» que notre sort malheureux nous avait destiné,
» cent fois j'affrontai la mort pour en préserver
» mon roi, et en moins d'une heure couvert de
» blessures, ensanglanté, je fus jeté dans un cachot
» pour y être jugé; cependant ma triste position
» ne m'affectait pas autant que l'incertitude de l'a-
» venir dont était menacé mon souverain, quoiqu'il
» nous eût été impossible de le prévoir si tragique.

» Je dois à mon dévouement, à mon honneur
» même, ce récit fidèle ; jusqu'ici je me tairai sur
» les derniers résultats, suppliant votre majesté de
» croire qu'aucun de ses sujets n'a pas senti plus
» que moi le prix de la perte irréparable que nous
» venons de faire.

» Des cachots de Pizzo, je fus ensuite transporté
» à ceux de Ventotene ; quelque temps après il plut
» au roi Ferdinand IV de m'accorder des lettres de
» grâce ; je fus embarqué pour la Corse ; de là,
» traîné en France chargé de fers, et renfermé dans
» le château d'If, d'où cinq mois après je partis
» pour Draguignan pour y subir le jugement,
» comme prévenu de rébellion. Le ciel, qui par
» bonheur veille sans cesse à la sûreté des inno-
» cens, a enfin permis que je sois rendu à ma fa-
» mille, qui depuis seize mois ne faisait que verser
» des larmes sur l'incertitude de mon sort.

» Je crois également de mon devoir d'instruire
» votre majesté, que les frères Grégory, négocians,
» avaient reçu de mon souverain deux lettres de
» change sur le banquier Barillon, dont une de
» deux cent mille, et l'autre de soixante mille
» francs, pour en disposer d'après mes ordres. La
» seconde ne fut pas payée, mais sur la première
» Joseph Grégory a touché cent soixante-douze
» mille francs.

» A mon retour en Corse, je voulus le forcer à
» m'en rendre compte, et comme il s'y est constam-
» ment refusé, sous prétexte que je ne suis pas

» chargé de procuration ; il est autant de l'intérêt
» de votre majesté, que de ma délicatesse, que quel-
» qu'un soit légalement autorisé le plus tôt possible,
» afin de retirer ce qui est dû par ce négociant peu
» loyal.

» J'ai l'honneur de transmettre à votre majesté
» un double de cette obligation, avec le reçu des
» brillans fait par le commandant Poli.

» Je ne dois pas dissimuler à votre majesté, qu'a-
» près avoir échappé à la mort, je me trouve sans
» emploi, n'étant pas agréable au gouvernement,
» et sans aucun moyen pour vivre, ayant prodigué
» la petite fortune que j'avais réservée pour l'honnête
» existence de mes enfans, pendant le séjour dont
» m'avait honoré mon souverain chez moi.

» Dans un état aussi déplorable, je ne vois d'au-
» tre espoir que dans l'inépuisable bienveillance
» de votre majesté. C'est à elle que je recommande
» mes enfans, victimes d'un père malheureux, pour
» avoir été tout à son honneur et à son souverain
» avec un parfait dévouement.

» Je suis avec le plus profond respect, etc. »

J'ai adressé cette lettre au gouverneur qui
me répondit de Bastia, en date du 9 avril même
année :

« Général, j'ai reçu la lettre que vous m'avez
» fait l'honneur de m'écrire, avec celle pour ma-
» dame la comtesse de Lipano, que je vais achemi-

» ner en la recommandant à M. le chevalier de
» Verguier, ministre du roi en Toscane.

» Je réclamerai son amitié pour la faire parvenir,
» et je ne doute pas qu'il n'y donne tous ses soins.

» Agréez l'assurance de ma considération dis-
» tinguée,

                    » AMÉDÉE DE WILLOT. »

J'ai reçu une lettre du général Giacomoni, dont
la teneur suit :

« Draguignan, le 19 avril 1817.

» Monsieur le général,

» La lettre que vous m'avez fait l'honneur de
» m'écrire, le 11 février, ne m'est parvenue que
» le 14 du courant ; elle a éprouvé, je ne sais com-
» ment, un retard considérable, et m'a privé du
» plaisir que j'aurais eu à recevoir plus tôt de vos
» nouvelles et de celles de la santé de madame
» Franceschetti, dont j'étais vivement inquiet ; je
» vois effectivement qu'elle a eu beaucoup à souf-
» frir dans la traversée ; j'aime maintenant à me
» persuader que l'air natal et la tranquillité d'âme
» auront, plus que toute autre chose, contribué à
» son parfait rétablissement que j'apprendrai avec
» beaucoup d'intérêt.

» Je vous prie de lui faire agréer mes hommages,
» ainsi que mes complimens à monsieur votre beau-
» père et toute votre famille. Je n'ai rien trouvé à la

» poste à votre adresse , et probablement si le mi-
» nistre de la guerre vous a répondu , il aura
» adressé sa lettre directement en Corse. Les mi-
» nistres ont été jusqu'ici extrêmement occupés ;
» je n'ai , depuis votre départ, rien reçu à votre
» égard ; je désirerais de tout mon cœur, mon
» cher général , être à même de contribuer à votre
» satisfaction ; mais je ne puis faire acte que de
» bonne volonté ; vous devez faire valoir celle de
» M. le comte de Willot , et l'intérêt qu'il vous
» témoigne ne sera sûrement pas perdu.

» Je ne doute point qu'il ne réussisse à procurer
» à sa majesté les bons et loyaux services d'un
» brave officier tel que vous , et ce sera avec bien
» du plaisir, mon cher général , que j'apprendrai
» le succès de vos démarches.

» Je vous remercie infiniment de tout ce que vous
» voulez bien me dire d'honnête et d'obligeant,
» mais vous ne me devez rien que le retour des
» sentimens que vous m'avez inspirés ; je me suis
» trouvé très-heureux, dans la circonstance de vos
» malheurs , d'avoir été à même de faire constater
» votre innocence , et les droits que vous aviez,
» avec vos camarades , à ce que l'on rendît justice
» à la pureté de vos intentions ; c'est ce que tout
» autre aurait fait à ma place.

» Adieu , mon cher général , conservez-vous en
» bonne santé, donnez-moi de vos nouvelles et de
» celles de madame ; rappelez moi au souvenir de
» mes vieux camarades de l'ancien Royal-Corse,

» s'il en existe encore, et recevez les assurances de
» mon bien sincère attachement et amitié.

» Le baron GIACOMONI. »

Quelque temps après le gouverneur me remit la réponse de l'ambassadeur, à Vienne, qui est ainsi conçue :

Copie de la lettre écrite par M. le comte de Caraman à M. le chevalier de Verguier, datée de Vienne, le 6 mai 1817.

« J'ai reçu, monsieur, la lettre que vous m'avez
» fait l'honneur de m'écrire le 19 du mois dernier,
» et celle qui y était jointe, adressée à madame la
» comtesse de Lipano ; je l'ai remise au ministre
» autrichien, à qui j'ai communiqué également le
» paragraphe de la lettre du général Willot. Celle
» qui était destinée à madame de Lipano lui sera
» remise exactement ; mais je crains bien qu'elle
» ait peu de succès. Depuis que je suis ici, ma
» correspondance avec elle s'est bornée à un bon
» nombre d'assignations et significations qui sont
» restées sans réponse, et comme elle vient d'ache-
» ter une terre considérable, et qu'elle l'a payée
» fort cher, je doute qu'elle se montre dans ce
» moment plus libérale pour les créanciers de
» son mari qu'elle ne l'a été jusqu'à ce jour.

» Pour copie conforme à l'original :

» Le lieutenant général gouverneur de la 23e. division
» militaire,

» AMÉDÉE DE WILLOT. »

Ma lettre à la comtesse de Lipano demeura plusieurs mois sans réponse, lorsque le 20 août 1817, je reçus une lettre du capitaine Lanfranchi, datée de Smyrne, dans laquelle était incluse celle du général Macdonald, écrite de Fransdhorf le 2 juin 1817.

« Mon estimable ami ,

» Sa majesté la reine a reçu la lettre que vous
» lui avez écrite, par la voie de Lanfranchi, par
» duplicata à une autre qui lui était déjà parvenue
» par le canal de l'ambassadeur de France à Vienne.

» Les événemens dont vous lui faites part, et qui
» ont préparé la plus horrible des catastrophes ,
» étaient à notre connaissance, de même que votre
» noble et incomparable conduite, au travers de
» tant de malheurs. Nous ignorions cependant votre
» sort après votre sortie du château d'If ; nous avons
» été charmés d'apprendre votre libération, et vous
» savoir en parfaite tranquillité au sein de votre
» famille. Sa majesté la reine gémit d'autant plus
» sur les maux auxquels vous avez été exposé, et
» sur ceux auxquels vous êtes encore en proie, que
» sa fortune ne lui permet pas de vous faire expé-
» rimenter les effets de sa reconnaissance.

» Elle n'ignorait pas l'abus de confiance et l'in-
» fidélité de Grégory ; elle a fait des démarches
» pour obliger ce déloyal négociant à justifier l'em-
» ploi de deux cent mille francs, montant d'une
» traite sur Barillon de Paris ; sa majesté a de
» fortes raisons pour espérer le remboursement des

» sommes restantes entre les mains de Grégory ;
» aussitôt que cela sera effectué, elle vous enverra
» un billet payable à vue sur le même, afin de
» vous indemniser en partie des pertes que vous
» avez essuyées ; une pareille vous sera expédiée
» pour soulager ceux de vos compagnons de mal-
» heur qui en auraient le plus pressant besoin,
» et pour lors elle vous prescrira la quote que vous
» aurez à remettre à votre recommandé Lanfranchi,
» qui paraît avoir été l'une des victimes de son at-
» tachement à notre infortuné roi. Je suis suffisam-
» ment connu de vous pour ne pas douter que je
» n'altère pas la vérité en vous disant que la si-
» tuation financière de la reine est des plus limitées
» et que vous agiriez inconsidérément, si toutefois
» vous preniez la résolution d'abandonner votre
» patrie, en comptant sur sa fortune ; vous devez
» pourtant compter sur sa reconnaissance, étant
» assuré qu'elle cherchera les occasions pour vous
» en donner des preuves.

» Adieu, mon cher général, n'oubliez pas que
» j'ai été du nombre de vos amis, celui enfin qui,
» dans toutes les circonstances, vous a grandement
» apprécié.

» J. MACDONALD. »

Ma surprise devait être sans doute bien grande,
en lisant dans la lettre de Macdonald, que j'agirais
inconsidérément si je me déterminais à abandonner
ma patrie, comptant sur la fortune de la reine ;
mais que je devais cependant compter sur sa re-

connaissance, puisque dans ma lettre à la comtesse
de Lipano il n'était pas fait mention de m'expatrier;
on voit par cette ruse que Macdonald, pour me tenir éloigné de la reine, a voulu se servir de son
nom, à son insu, et me prêter même le conseil de
ne point quitter ma maison et ma patrie. J'avais
réellement toute raison de croire que la comtesse,
très-sensible à la perte précieuse qu'elle venait de
faire, aurait été bien aise de voir l'ami le plus dévoué
et le plus fidèle de son mari infortuné, pour entendre de sa bouche les détails des événemens funestes
qui ont dû porter un deuil éternel dans sa famille.

Le ministre de la guerre me fit répondre la lettre
suivante :

« Paris, le 27 septembre 1817...

» Monsieur,

» J'ai pris connaissance de la demande que vous
» m'avez adressée, pour obtenir votre réintégra-
» tion au service de France.

» Je regrette d'avoir à vous annoncer, que je ne
» puis proposer à sa majesté de vous relever de la
» déchéance que vous avez encourue, en ne ren-
» trant pas en France dans le délai prescrit par
» l'ordonnance royale du 16 décembre 1814.

» J'ai l'honneur d'être, etc.

» Par le ministre et par son ordre :

» Le directeur comte GENTIL SAINT-ALPHONSE. »

Voyant que le refus de ma demande était basé,
pour toute raison, sur les reproches de ne pas être

rentré dans le délai prescrit par l'ordonnance du roi, du 16 décembre 1814, je me permis d'observer à son excellence que cette ordonnance n'avait jamais été à ma connaissance, parce qu'il était de l'intérêt du gouvernement de Naples de la cacher aux Français pour ne pas dissoudre son armée, vérité attestée même par le comte de Narbonne, ambassadeur à la cour de Naples, lorsqu'il en fut requis.

Que d'ailleurs, plus de deux mille officiers français, au service de Naples, rentrés des prisons d'Autriche en 1816, jouissaient déjà de la demi-solde ; qu'à leur exemple, j'avais servi un prince étranger, jusqu'à son dernier moment sans avoir démérité vis-à-vis de ma patrie ; et que si malheureusement mon sort me condamnait encore à renoncer à mes réclamations trois fois réitérées sans succès ; si son excellence jugeait enfin à propos de faire une exception à la règle, pour un militaire victime de l'honneur et de la reconnaissance, je lui demandais au moins de m'accorder la permission de prendre du service chez l'étranger pour soutenir ma famille.

Le gouverneur de la Corse, en cette occasion, appuya ma demande par la présente lettre :

« Monseigneur ,

» J'ai l'honneur d'adresser à votre excellence le » mémoire de M. Franceschetti, officier général de » Naples.

» Je ne puis que rendre le meilleur témoignage
» de la conduite et des principes de ce militaire
» depuis qu'il est en Corse ; il s'est retiré dans une
» campagne pour y cacher sa misère, et nourrir
» sa nombreuse famille des fruits de son travail ;
» il réunit à une modestie, une douceur de mœurs
» qui lui ont acquis l'intérêt général, une âme
» forte et des qualités brillantes à la guerre. Les
» renseignemens que j'ai pris sur les motifs qui
» l'ont déterminé à s'attacher à Murat, m'ont con-
» vaincu que c'était la reconnaissance qu'il croyait
» devoir à son ancien bienfaiteur.

» Il a fait tous ses efforts pour le détourner de
» son entreprise, et, n'ayant pu réussir, a voulu
» partager son sort en sacrifiant pour lui sa for-
» tune et sa vie ; il est peu d'hommes capables
» d'honorer leur vie d'un pareil trait, et il est à
» regretter qu'il n'ait pas été employé pour une
» cause meilleure et légitime.

» Madame la comtesse de Lipano, en rendant
» justice à son dévouement, l'abandonne à sa misère.
» M. Franceschetti est jeune, du physique le plus
» intéressant, il est fâcheux de le voir forcé de
» porter chez l'étranger des qualités qui auraient
» pu le rendre utile à sa patrie.

» Je suis avec respect, etc.

» AMÉDÉE DE WILLOT. »

Je ne reçus aucune réponse à ma demande, et il
en fut ainsi de la lettre du comte de Willot.

Le 6 février 1818, le gouverneur m'envoya la présente au Vescovato.

« Général ,

» J'ai l'honneur de vous communiquer ci-joint
» le mémoire (1) du patron Vincent Cecconi de Bas-
» tia, par lequel il réclame le nolis de la felouque, qui

---

(1) *Minute de Vincent Cecconi.*

« Le 28 septembre 1815, me trouvant à Ajaccio, avec ma felouque nommée *la Voltigeante*, de vingt-deux hommes d'équipage, je fus nolisé par le général Franceschetti, pour la somme de six mille francs, prix convenu avec les autres bateaux qui devaient composer le convoi de l'expédition du roi Joachim ; le général Franceschetti ordonna au commandant Poli de me remettre sur-le-champ deux mille francs, ainsi qu'avaient reçu les autres , et de me comprendre sur le rôle ; mais ce dernier, me remit seulement mille francs, disant qu'il n'avait pas d'autre somme à sa disposition, et que les cinq mille restant me seraient remis à mon retour en Corse.

» Le même jour nous mîmes à la voile dans le Golfe d'Ajaccio, vers minuit, sous les ordres du capitaine de frégate baron Barbara, Maltais d'origine ; après neuf jours de navigation, le 8 octobre au soir, nous approchâmes de terre à la distance de quatre lieues environ du parage de Paola en Calabre ; mais , le vent soufflant de terre, il nous convint de louvoyer pour nous maintenir sur ledit parage, d'après les ordres de notre commandant.

» Vers la fin du jour, le commandant donna des ordres par signaux et nous défendit d'en faire aucun par le moyen des fanaux, afin de ne pas être découvert de terre ; que pendant la nuit nous devions nous tenir au même parage, et

» fit partie de l'expédition de Murat, en septem-
» bre 1815.

» Je vous prie de me faire connaître vos obser-
» vations, sur l'exposé dudit patron, et de me
» renvoyer son mémoire.

» J'ai l'honneur, monsieur le général, d'être avec
» une parfaite considération, etc.

» Amédée de Willot. »

---

pour être toujours réunis, nous devions faire de fréquens signaux avec des briquets ; mais, vers minuit, le vent de terre s'étant renforcé, le convoi se dispersa, et il n'y eut que ma felouque qui ne s'éloigna pas du commandant.

» Le 7 au matin nous nous trouvâmes à peu de distance de *Santo-Leucido* en Calabre ; le vent s'étant calmé et ne pouvant apercevoir aucun des bateaux du convoi, le commandant s'approcha de terre, et jeta l'ancre tout près de *Santo-Leucido*, et étant au mouillage, il me fut ordonné de partir de suite pour aller à la découverte de nos conserves.

» Me trouvant à quatre lieues de distance, je découvris une voile de laquelle m'étant approché, je reconnus être une de celles qui faisaient partie du convoi ; lui ayant demandé si elle pouvait me donner des nouvelles des autres, elle me répondit que le temps les avait dispersées pendant la nuit, et que depuis lors elles ne s'étaient plus vues. Ayant trouvé à bord le chef de bataillon Courrand, avec les autres officiers et une cinquantaine de soldats, je lui donnai l'ordre de me suivre, et je les conduisis au milieu du mouillage où se trouvait le bateau du roi.

» Aussitôt son arrivée, Courrand s'embarque sur le bateau de sa majesté, et peu d'instans après, deux officiers en firent autant. Le général Franceschetti, après avoir conféré avec le roi, les interrogea, mais j'en ignore le résultat.

Voilà la réponse que je lui fis, contenant le mémoire du patron Vincent Cecconi ;

« Vescovato, le 9 février 1818,

» Mon général,

» J'ai l'honneur de vous renvoyer ci-joint le mé-
» moire du patron Cecconi, que vous avez bien

» La nuit étant survenue, nous mîmes tous les trois à la voile ; Courrand s'embarque de nouveau sur son bateau, à l'exception des deux officiers. Le commandant Barbara remorqua le bateau de Courrand et longeant la côte ; vers minuit étant arrivés sur la Mantea, pour prendre terre, le bateau du chef de bataillon Courrand coupa la remorque sans qu'on s'en fût aperçu, il prit la fuite. Nous fûmes tous étonnés d'une action si vile. Ayant continué notre route, nous nous trouvâmes le matin du 8, à la pointe du jour, sur la pointe du Pizzo, vers laquelle nous nous dirigeâmes, et nous allâmes ancrer ; au moment où le roi et sa suite débarquaient, le commandant Barbara le pria de me laisser à bord, parce que je lui étais nécessaire ; le général Franceschetti m'ordonna au nom du roi, de rester à bord, aux ordres dudit commandant.

» Environ trois quarts d'heure après le débarquement, plusieurs coups de fusils s'étaient fait entendre. Le commandant Barbara m'ordonna alors de remorquer son bateau, et de nous éloigner de terre à force de rames, et, pour être plus en sûreté, il monta sur ma felouque ; il fit monter son domestique au haut du mât avec une lunette, pour reconnaître ce qui se passait à terre ; mais ni l'équipage ni moi ne pûmes rien comprendre, ni aux interrogations, ni aux réponses, qui étaient en langue maltaise.

» Lui ayant demandé ce que c'était que les mouvemens que

» voulu me communiquer ; tout ce qu'il expose
» jusqu'à son arrivée au Pizzo est très-vrai, et même
» il aurait débarqué et suivi le roi Joachim, si le
» capitaine Barbara ne l'eût pas réclamé sur son
» bord.

   » Quant à ce qui est arrivé après le débarque-
» ment, je crois que ni les deux patrons de barque,
» ni leurs équipages n'y ont contribué ; si le capitaine

---

la garde apercevait, le commandant Barbara me répondit que c'était une grande quantité de gens (*) qui descendaient vers le rivage pour armer des chaloupes coursières pour venir nous attaquer, et nous pria de faire force de rames pour nous éloigner. Un quart d'heure après environ, le fort tira sur nous deux coups de canons, dont les boulets tombèrent à peu de distance de nous ; peu de momens après on vit sortir deux chaloupes venant sur nous à force de rames, et qui nous poursuivirent jusqu'au coucher du soleil ; en ce moment le fort ayant tiré un coup de canon à poudre, elles virèrent de bord et cessèrent de nous poursuivre. La nuit s'étant obscurcie, le commandant Barbara remonta sur son bateau, fit changer de route en prenant sa direction pour la Sardaigne ; arrivé au milieu du canal, entre la Calabre et la Sardaigne, nous fûmes arrêtés par un corsaire barbaresque qui visita toutes nos malles, après en avoir brisé les serrures ; et dans une malle fut pris un sac, que le capitaine Barbara nous dit contenir mille francs ; le corsaire nous ayant retenus avec lui deux jours

---

(*) Cette quantité de monde qui descendait pour armer des chaloupes pour attaquer Barbara, c'était le roi Joachim qui, étant arrivé au rivage avec ses officiers, faisait de vains efforts pour lancer à la mer la barque qu'ils avaient saisie et dans laquelle on avait placé le roi.

» Barbara eût été un homme d'honneur, il aurait
» bravé la mort au lieu de s'oublier au point d'a-
» bandonner son poste, malgré les ordres qu'il
» avait reçus de se tenir à une petite distance de la
» terre ; il aurait eu ainsi la gloire de sauver son
» souverain, et ceux qui se battaient généreuse-
» ment sur le rivage où ils avaient débarqué ; ils
» firent même des efforts pour lancer à la mer une
» barque afin de le rejoindre ; mais ce capitaine
» ayant gagné le large, ils furent victimes de la
» fureur populaire en sa présence. M. le comman-
» dant Poli est tenu de payer toutes les barques,
» à l'exception de celle montée par le commandant
» Courrand ; si vous jugez à propos, général, que le

et une nuit, il nous relâcha en restituant au bord du commandant nos malles, nos valises, et le sac d'argent ayant été
compté en présence du rhais et de l'équipage il n'y fut trouvé
que huit cent soixante-dix francs, et l'on disait que ce qui
manquait avait été pris par un matelot du bord. Le commandant Barbara sachant que je n'avais eu que mille francs, me
remit cette somme.

» Ayant continué notre route, nous arrivâmes à Bastia le
20 octobre, où il fallut faire une longue et dispendieuse
quarantaine, pendant laquelle je fus obligé de dépenser cette
somme et en outre quatre cents francs de ma poche, comme
il en résulte de mon compte.

» D'après cette narration véridique et sincère, ayant fait
mon devoir, je prie M. le gouverneur d'ordonner à MM. Franceschetti et Poli de me payer ce qui m'est dû.

» Bastia, le 6 février 1818.

» VINCENT CECCONI. »

» patron Cecconi soit satisfait, vous pouvez donner
» des ordres.

   » Je vous prie d'agréer, etc. »

Voyant que depuis dix mois j'attendais en vain
les secours qu'on m'avait promis, je me déterminai
d'envoyer mon épouse en Autriche pour solliciter
quelque indemnité proportionnée à mes pertes ;
elle fut munie de lettres de recommandation pour
faciliter son voyage en Autriche, l'une écrite à M. le
chevalier de Fonteny, secrétaire de la légation à la
cour de Toscane, et l'autre à l'ambassadeur de
France à Vienne, dont le contenu suit :

« Bastia, le 28 février 1818.

   » Monsieur le chevalier ,

   » J'ai l'honneur de vous recommander madame
» Franceschetti, femme d'un général que la re-
» connaissance envers son bienfaiteur avait déter-
» miné à sacrifier sa vie et sa fortune.
   » J'avais envoyé précédemment à M. le chevalier
» de Verguier, une lettre qu'il écrivit à madame de
» Lipano, veuve de Murat. Elle lui a fait une ré-
» ponse très-sentimentale, mais n'a effectué au-
» cune de ses promesses de le secourir dans sa mi-
» sère. Cette officier, intéressant par la douceur de
» ses mœurs, son courage et la bonne conduite
» qu'il a tenue ici, depuis son retour, s'étant retiré
» dans une campagne, où il travaille pour nourrir

» sa famille, prend le parti d'envoyer sa femme
» à la comtesse de Lipano, pour obtenir quelque
» indemnité.

» Je réclame pour elle votre bienveillance, et je
» vous saurai beaucoup de gré, monsieur le che-
» valier, de lui faciliter sa route, et de l'adresser
» à M. le comte de Caraman.

» Le comte AMÉDÉE DE WILLOT. »

*A M. le comte de Caraman, ambassadeur de
de S. M. T. C. près S. M. l'empereur
d'Autriche, à Vienne.*

« Bastia, le 28 février 1818.

» Monsieur le comte,

» J'ai l'honneur de recommander à votre excel-
» lence madame Franceschetti, née Colonna Céc-
» caldi, mère de famille, et femme d'un général
» que la reconnaissance envers son bienfaiteur
» avait déterminé à sacrifier sa vie et sa fortune,
» pour une entreprise qu'il a tout fait pour empê-
» cher, et à laquelle il a cru être obligé par devoir
» de prendre part, quoiqu'il n'en espérât aucun
» succès. Ce général était fait pour servir une
» cause plus légitime : il a tout pour lui; il a offert
» son bras et son sang au roi, et en attend la ré-
» ponse. Réduit à l'extrême indigence, il a pris le
» parti d'envoyer sa femme à madame la comtesse
» de Lipano, pour en obtenir quelque indemnité

» qu'elle a accordée à d'autres. Elle n'a pris dans
» son passe-port que le nom de sa famille, afin d'é-
» viter, s'il est possible, les difficultés et les soup-
» çons qui pourraient y mettre obstacle ; croyant
» qu'aucune raison politique ne peut s'opposer à
» sa démarche, je réclame pour elle la bienveil-
» lance de votre excellence.

» Je lui saurai beaucoup de gré, de tout ce qu'elle
» daignera de faire en sa faveur.

» Le comte Amédée de Willot. »

A l'occasion du départ de mon épouse, j'écrivis
à la comtesse de Lipano en ces termes :

« Vescovato, le 9 avril 1818.

» Madame,

» Il est douloureux pour un fidèle sujet qui vient
» de sacrifier avec éclat à son souverain sa vie et
» sa fortune, d'apprendre que des hommes, ja-
» loux de sa loyale et généreuse conduite, ont osé
» porter à son auguste épouse des dénonciations ca-
» lomnieuses contre lui, pour la ternir. NN. sont
» les dénonciateurs qui m'ont été signalés par le
» commandant Poli, à son retour en Corse, sans
» cependant me faire connaître leurs imputa-
» tions, etc., etc.

» Ils ont pu être informés que, pendant ma dé-
» tention, le négociant Joseph Grégory avait remis

» en diverses fois à ma famille huit mille francs ;
» qu'à ma rentrée des prisons, il m'avait envoyé une
» somme de deux mille francs, et ils ont argué
» delà que j'avais de ce négociant quatre-vingt
» mille francs, au partage de laquelle ils préten-
» daient. Ils ont cru de plus que votre majesté m'a-
» vait envoyé cinquante mille francs pour secourir
» mes compagnons dans les prisons, et cette idée,
» dans laquelle ils se sont confirmés, sans vouloir
» se donner la peine de l'approfondir, idée née des
» bruits que l'on se plaisait à répandre, même
». pendant notre séjour à Livourne, a occasioné
» sans doute, et c'est ainsi que je le présume, la
» dénonciation qu'ils ont lancée contre moi.

» Je ne crains pas le jugement du public, quoi-
» que redoutable ; ma généreuse et honorable con-
» duite, le calme d'une conscience pure et sans ta-
» che, me tranquillisent et me mettent à couvert de
» toute atteinte ; néanmoins je dois à votre majesté
» le récit de tout ce que j'ai fait pour mon roi,
» pendant son séjour en Corse, ainsi que des évé-
» nemens funestes du Pizzo. Des circonstances ne
» me permettent pas de me présenter personnelle-
» ment à votre majesté sans autorisation, motif
» pour lequel j'envoie mon épouse avec un mémoire
» trop douloureux, et à la fois plein de deuil.

» Loin de moi toute idée de récompense des preu-
» ves non équivoques de dévouement et de fidélité
» données à mon souverain, dont j'étais idolâtre.
» L'honneur seul m'engagea à braver les dangers,

» et à sacrifier ma fortune pour tout entreprendre
» à son gré, et je me croyais assez récompensé par
» le haut degré de confiance qu'il avait bien voulu
» manifester à moi et à ma famille, en nous hono-
» rant de sa présence dans ses dernières vicissitudes.

» Votre majesté ne doit pas cependant ignorer
» ma situation actuelle, provoquée par les énormes
» dépenses que je fus contraint de faire pour met-
» tre sa majesté à couvert de ses ennemis, ayant
» pris de telles dispositions à ce sujet, que je lui
» fis faire en Corse une marche triomphale dans
» un temps où ses jours étaient menacés de tous
» côtés. Ces dépenses, dis-je, ont absorbé ma for-
» tune ; si une détention de seize mois n'eût pas
» mis le comble à mes malheurs, j'aurais pu avec
» résignation attendre les secours que votre majesté
» a bien voulu me faire espérer par la lettre du
» général Macdonald, du 2 juin de l'année dernière ;
» mais je puis assurer à votre majesté, sur mon
» honneur, qu'il ne me reste plus de quoi donner
» du pain à mes quatre enfans.

» Si votre majesté ne daigne venir à mon secours,
» mes compatriotes, témoins oculaires et impar-
» tiaux de ma conduite, verront avec étonnement
» ma famille abandonnée à la misère, après avoir
» généreusement exposé ma vie et sacrifié ma to-
» tale fortune ; et tous les méchans efforts de mes
» dénonciateurs ne parviendront jamais à me ra-
» vir l'estime et les vœux unanimes du public en
» ma faveur.

» Je ne dois pas laisser ignorer à votre majesté que
» je n'ai aucune pièce à présenter à l'appui de ma
» gestion ; je me faisais un devoir d'exécuter avec
» précision et exactitude les ordres du roi , et j'é-
» tais plus que content lorsqu'il me témoignait
» sa satisfaction dans l'exécution de ses intentions :
» s'il eût vécu, je ne doute pas qu'il eût rendu
» justice à mon dévouement et à mon zèle ; mais
» tout a été perdu pour moi, en perdant mon sou-
» verain.

» J'ose cependant espérer que votre majesté ne
» voudra pas m'abandonner, et si elle se montrait
» indifférente à mes chagrins ce serait improuver,
» aux yeux du public, ma généreuse et loyale con-
» duite vis-à-vis du roi Joachim, et cette punition
» me serait beaucoup plus sensible que la mort.

» Le ministre de la guerre vient de remercier
» l'offre que moi et mes compagnons de fortune,
» avions fait de nos services à la France ; et comme
» la plupart d'entre eux n'ont pas de quoi vivre,
» pour l'hommage de la vérité, je me crois en devoir
» d'attester à votre majesté, qu'ils se sont très-
» bien conduits dans les malheurs du roi, et qu'ils
» ont droit à la reconnaissance de votre majesté.

» Daignez agréer, etc. »

J'écrivis également au général Macdonald, la
présente.

« Vescovato, le 10 avril 1818.

» Vous devez, mon cher général, sans doute

» avoir reçu ma réponse à la lettre que vous me
» fîtes l'amitié de m'écrire, le 2 juin de l'année
» dernière : elle contenait le récit fidèle des sacri-
» fices de tout genre que mon dévouement sans
» bornes, et mon amitié désintéressée et sincère
» à mon souverain, m'avaient porté à lui faire
» dans ses vicissitudes; je vous y avais peint l'indi-
» gence dans laquelle m'avait plongé l'hospitalité,
» dont je m'étais généreusement honoré au péril
» de ma vie, pendant sa demeure en Corse. Je
» vous disais que je lui avais prodigué jusqu'à la
» médiocre fortune, réservée pour l'honnête exis-
» tence de mes enfans; que j'avais tout aliéné,
» contracté des dettes, même sans le moyen de
» pouvoir les acquitter.

» Je me nourrissais de l'espérance que ce ta-
» bleau déchirant aurait attendri le cœur de la
» reine, et qu'elle aurait daigné venir à mon
» secours, comme vous l'aviez annoncé dans votre
» lettre ; mais dix mois se sont écoulés, et rien ne
» s'est réalisé.

» Me voyant donc frustré dans mon attente, dé-
» nué de tout moyen, tant pour vivre que pour me
» délivrer de l'acharnemenr de mes créanciers ; et
» d'ailleurs ayant appris que la reine n'est plus dans
» les mêmes bonnes dispositions à mon égard, d'après
» une dénonciation faite conrte moi par NN., dont
» j'ignore les imputations pour les démentir, et
» pour mettre à jour ma conduite loyale et géné-
» reuse, les innombrables sacrifices, en un mot,

» tout ce qui s'est passé depuis l'arrivée du roi en
» Corse, jusqu'à son décès, je viens de prendre le
» parti d'envoyer par mon épouse, un mémoire
» très-détaillé à la reine, auquel je me réserve de
» donner toute la publicité d'après les observations
» qu'elle jugera à propos d'y faire.

» Mon intention n'a jamais été, ainsi que je l'ai
» annoncé dans ma lettre à la reine, d'exiger des
» récompenses de ce que j'ai fait, et des souffrances
» que j'ai dû endurer pour seconder mon souverain
» dans ses vœux; mais, quoiqu'il en coûte à mon
» cœur de revenir à la charge, je me vois contraint
» par l'état d'indigence dans lequel ma famille gé-
» mit, d'implorer de nouveau les secours de sa ma-
» jesté pour m'indemniser, au moins en partie, de
» mes pertes, et me mettre à même de me délivrer
» de créanciers qui m'obsèdent sans relâche, et
» qui attendent avec avidité le retour de mon
» épouse pour être payés.

» Jugez, général, de ma position, si malheureu-
» sement ils étaient trompés dans leur attente. Je
» ne puis pas me persuader que la reine permettra
» que je sois victime de ma générosité. Elle déci-
» dera de ma conduite par le mémoire que j'ai
» l'honneur de lui soumettre; les vérités incontes-
» tables, et les notions très-intéressantes qu'il ren-
» ferme feront mon apologie, et mes détracteurs
» disparaîtront à jamais, suivis de la honte et des
» remords dont ils seront déchirés.

» Adieu, mon général; je vous prie de me conti-

» nuer votre amitié , et vos bons offices auprès de
» sa majesté, etc. »

Un mois après le départ de mon épouse, le général Willot m'envoya la réponse de sa lettre écrite au chevalier Fonteny, dont le contenu suit :

« Florence , le 3 mai 1818.

» Monsieur le comte ,

» J'ai eu l'honneur de recevoir , il y a peu de
» jours, par madame Franceschetti , la lettre que
» vous m'avez fait l'honneur de m'écrire le 28 fé-
» vrier dernier. Je me suis empressé, d'après vos
» recommandations , de faciliter à cette dame les
» moyens de se rendre à Vienne , et j'ai obtenu à
» cet effet de M. le ministre d'Autriche à Florence,
» tous les passe-ports qui lui étaient nécessaires.

» Je désire vivement que madame Franceschetti
» obtienne de son voyage un résultat satisfaisant,
» et je ne doute pas que la lettre qu'elle remettra
» à M. le comte de Caraman , ne lui soit fort utile
» dans le pays où elle va.

» Permettez-moi , monsieur le comte , de vous
» exprimer ici, combien je suis flatté des rapports
» que ma position me permet d'avoir avec vous ,
» et de trouver cette occasion pour vous offrir l'as-
» surance des sentimens de la haute considération,
» que depuis bien long-temps je professe, et avec
» laquelle j'ai l'honneur d'être , etc.

» DE FONTENY. »

M. le comte de Willot qui, par une mesure prise
par le gouvernement, venait d'être rappelé, avant
de quitter le commandement de la Corse, fit une proclamation aux habitans de l'île, et, pourme donner
des marques de son amitié, m'en adressa particulièrement au Vescovato une copie (1), en me témoignant en même temps, le désir qu'il aurait de savoir le résultat du voyage de mon épouse, et m'offrit

---

(1) *Le lieutenant général, gouverneur de la 17ᵉ. division mili*
taire, aux habitans de l'île de Corse.

« Français,

» Au moment où, par l'effet d'une mesure générale, je vais
quitter le commandement de cette division, je sens le besoin
de vous ouvrir mon cœur avec sincérité. Envoyé parmi vous
pour accélérer l'ordre et rétablir la tranquillité publique, je
mis tous mes soins à diriger vers le bien cette noble et naturelle fierté qui fait la base de votre caractère. Je vous ai
trouvés dociles à la voix de l'honneur, à celle du devoir ; et
la soumission générale ne tarda pas à être le premier fruit
et la récompense de ma sollicitude.

» J'ai éclairé le gouvernement sur votre véritable situation,
ainsi que sur vos besoins.

» Le cœur de sa majesté a été pour vous une source inta-
rissable de faveurs, et votre prospérité, commencée sous le
règne du vertueux Louis XVI, se consolidera sous celui de
son auguste frère.

» Continuez à aimer ce bon roi dont l'Europe révère les
éminentes vertus, et auquel la France sera redevable de son
repos et de son bonheur.

» Continuez à oublier le passé de même que toute autre

de la manière la plus obligeante ses services à Paris. Mais que dire! voilà quel fut le résultat de son voyage, que j'aurais voulu passer sous silence. Mais je suis obligé de le faire connaître, afin de justifier que si l'on m'a oublié dans mes malheurs, ce n'a pas été pour avoir démérité.

Je ne savais que penser sur le silence de mon épouse, après son départ de Corse pour Vienne;

---

dénomination haineuse; à être étroitement réunis d'intérêt et de sentimens; à tirer avantage des richesses cachées de votre sol, en réprimant cette impétuosité qui vous a occasioné tant de maux; à abandonner à la justice, qui en a les moyens et les droits, le soin de protéger vôtre honneur, vos vies et vos propriétés.

» Voilà ce qui peut consolider l'état de tranquillité dans lequel je vous laisse. Heureux d'avoir rempli les intentions paternelles de sa majesté, et d'emporter avec moi l'estime des hommes de bien.

» Les honorables regrets qu'on m'a exprimés de tous côtés, m'ont vivement ému; ils seront profondément gravés sur mon cœur.

» Jamais je ne serai étranger à votre pays, auquel le ciel m'a attaché par les douceurs de la paternité.

» Aussitôt que sa majesté daignera m'admettre à lui renouveler l'hommage de mon dévouement illimité, je lui offrirai celui de votre amour et de votre fidélité.

» Adieu, braves Corses; mais, avant de nous séparer, confondons de nouveau nos voix dans le cri si cher à tous les Français : Vive ! Vive à jamais le roi !

» Au quartier-général à Bastia, le 28 mai 1818.

» Le comte AMÉDÉE DE WILLOT. »

mais peu de jours après elle arriva à Bastia; elle me remit une lettre de madame la comtesse de Lipano, écrite de Fransdhorf, le 7 juin 1818, que voici :

« Monsieur le général Franceschetti, les afflictions » dans lesquelles vous vous trouvez conjointement » à votre famille, étaient déjà à ma connaissance, » et avec impatience j'attendais que la situation » de mes intérêts me permît d'y apporter quelque » soulagement.

» L'arrivée ici de votre épouse, ne pouvait en ac-» célérer les effets, et je suis affligée de la voir » partir avant d'avoir pu exaucer le plus juste » de ses vœux, c'est-à-dire celui d'apporter du » soulagement à ses enfans..... Soyez assuré, gé-» néral, que rien ne m'est inconnu, sur tout ce qui » a rapport à votre conduite noble et honorable, » envers mon défunt mari et roi, et je serais mal-» heureuse, si je ne pouvais vous donner des preu-» ves non équivoques de ma reconnaissance; je » vous engage seulement à prendre patience jus-» qu'à ce que la possibilité d'agir se présente; je » me flatte que votre attente sera d'une courte » durée.

» Je vous remercie des nouvelles que vous me » donnez, concernant les sommes que retient l'in-» fidèle négociant Grégory; en vertu de celles-ci » je revendiquerai mes droits par-devant les tribu-» naux, dans le cas où on ne pourrait amener le » sieur Grégory à avouer ses torts, et à les réparer

» comme il convient à un négociant honnête et
» probe. A cet effet j'envoie en Corse mon in-
» tendant, le chevalier d'Hausmenil, en vous
» priant de l'aider de vos conseils et de ceux
» de vos amis, afin qu'il conduise à sa fin mes
» affaires.

» Il est inutile de vous déclarer, que ce n'est pas
» pour moi que je réclame ce qui est entre les
» mains de Grégory. D'Hausmenil s'informera de
» votre situation. Je fais également réclamer les
» sommes, desquelles le gouvernement français
» s'est emparé.

» Je finis, général, en vous avouant que votre
» situation m'est à cœur, et qu'elle est autant pré-
» sente à mon esprit, que la catastrophe qui a porté
» un deuil éternel au sein de ma famille.

» Vos actions et vos sentimens, vous ont assuré
» à jamais des droits à ma sollicitude et à mon
» estime.

» CAROLINE. »

Presque en même temps je reçus par la poste
celle du général Macdonald.

« Fransdhorf, le 11 juin 1818.

» Mon cher Général,

» Votre épouse m'a remis votre lettre du 10 avril;
» l'autre que vous dites m'avoir écrite, en ré-
» ponse à la mienne le 2 juin de l'année dernière,

» ne m'est pas parvenue. L'arrivée de votre épouse
» a été imprévue, et si vous eussiez eu en moi
» cette confiance que vous me deviez, vous ne
» vous seriez pas déterminé à faire cette démarche
» sans m'avoir d'abord consulté; et si cette déter-
» mination a été prématurée, la conduite de ma-
» dame Franceschetti a été telle pour la rendre
» inefficace, même dans un temps opportun. En
» arrivant ici elle m'a manisfesté ses intentions;
» je lui ai tracé la conduite qu'elle avait à suivre
» pour parvenir à ses désirs, sans affaiblir l'intérèt
» que la reine prend à vous, et à toute votre
» famille.

» Madame Franceschetti n'a pas prêté foi à mes
» paroles, et elle a voulu faire valoir ses droits avec
» un ton menaçant qu'on a refusé de reconnaître;
» elle, a en outre, porté inconsidéremment ses
» réclamations au frère de la reine, ainsi qu'à
» l'ambassadeur de France à Vienne; elle a fait
» valoir une lettre de Willot dont le style ne
» pouvait pas être agréé d'aucun de nous; partout
» elle a laissé des traces d'indiscrétion, et elle a
» terminé par se convaincre que ses droits repo-
» saient sur le cœur reconnaissant de l'épouse du
» roi Joachim.

» De retour à Fransdhorf, votre épouse s'est rap-
» pelée de mes conseils; mais trop tard pour les
» mettre en pratique avec succès.

» Je dois à la vérité de dire que la situation ac-
» tuelle de la reine la mettait dans l'impossibilité

» de faire beaucoup pour vous ; mais je suis con-
» vaincu qu'elle aurait même contracté des enga-
» gemens , pour ne pas laisser partir votre épouse
» sans vous apporter quelque léger soulagement ,
» pour vous mettre à même d'attendre encore.

» Voilà les déterminations sur lesquelles la reine
» paraît s'être fixée. Le chevalier d'Hausmenil, in-
» tendant de sa maison, se rendra à Bastia pour tra-
» duire devant les tribunaux Grégory, afin de lui
» faire rendre compte des sommes qu'il retient avec
» tant de fraude et de mauvaise foi ; si le procès a
» une fin heureuse , comme le droit commun et la
» foi commerciale le font espérer , les sommes ré-
» cupérées serviront à payer, en partie , la recon-
» naissance que la reine doit aux braves Corses. Si ,
» au contraire , l'esprit de parti infectait le sanc-
» tuaire des lois , et rendait les espérances vaines ,
» elle aura recours à d'autres moyens pour parve-
» nir à ce but.

» Quant à ce qui vous regarde, d'Hausmenil re-
» cevra des instructions particulières.

» Votre mémoire a été lu avec le plus vif intérêt ;
» les remarques qu'on y a faites, vous seront trans-
» mises par d'Hausmenil.

» Nous avons également reçu de précieux ren-
» seignemens concernant l'affaire Grégory.

» Adieu, mon bon ami, croyez que je sens vi-
» vement les peines que vous éprouvez ; mais j'ai
» la satisfaction de remarquer, dans le cœur de sa
» majesté la reine, les mêmes sentimens , ce qui

» m'assure que vos afflictions seront de courte
» durée.

» Mille et mille amitiés.

» J. MACDONALD. »

Si jamais, dans un moment de douleur et de chagrin , madame Franceschetti se fût abandonnée à
des démarches peut-être trop précipitées, il me semble qu'il y aurait eu plus de sincérité et de noblesse
de la part de Macdonald, au lieu de la faire passer pour indiscrète et importune , parce qu'elle
demandait des secours indispensables pour compenser ses pertes, à être le premier à l'excuser et
à la faire excuser auprès de la reine Caroline dont
il avait la confiance, en lui mettant sous les yeux
ses droits ; lui faire connaître que c'était une
mère infortunée , au désespoir , qui venait se
jeter aux pieds de la veuve de celui pour qui son
époux avait sacrifié sa fortune , son existence et le
bonheur de sa famille.

Macdonald , au lieu de juger avec légèreté et même
avec indifférence , les sacrifices nombreux que j'ai
faits pour le roi Joachim, lorsqu'il se trouvait en
Corse, aurait dû les apprécier ; il aurait dû connaître , qu'outre le sacrifice de ma fortune , j'ai
exposé ma propre personne pour le défendre.

S'il eût été animé de ces mêmes sentimens, il
aurait imité mon exemple , au lieu de s'endormir
autour de la reine ; il n'aurait pas oublié que le seul
sentier de la gloire qui s'ouvrait sous ses pas , était,

depuis le commencement de juin de 1815 que le roi Joachim se trouvait à Toulon, de solliciter auprès de sa majesté l'empereur d'Autriche, la permission d'aller chercher son souverain qui, depuis long-temps languissait dans le midi de la France, lui présenter ses services, et tâcher de le ramener auprès de son épouse, et rendre leur père et leur unique soutien à des jeunes orphelins qui le réclamaient de son amitié; mais ce malheureux prince, exposé aux poignards des assassins, fut entièrement oublié de lui, jusqu'au point de le priver même des nouvelles de sa famille, pour lui faire savoir au moins dans quelle position elle se trouvait en Autriche : le prince s'en plaignit amèrement plusieurs fois avec ma famille au Vescovato.

Voilà les sentimens qui auraient dû l'animer et non pas celui de renvoyer mon épouse sans le moindre secours à porter à ses enfans.

Macdonald avait su adroitement écarter tous ceux qui, en se présentant, auraient pu rappeler au cœur sensible de la reine l'attachement qu'elle devait porter à la mémoire de feu son époux, tel que le fidèle et respectable comte Zurlo et tant d'autres..... Craignant aussi l'ascendant que j'aurais pu prendre, si jamais je lui parlais des circonstances qui avaient précédé, suivi et accompagné ce fatal événement funeste à sa famille, par l'un de ces détours les plus raffinés en politique, il chercha à me dégoûter et m'éloigna à jamais.

S'il n'eût consulté que le devoir de l'amitié, s'il eût été exempt de ces sentimens jaloux qui dirigent ordinairement le cœur du courtisan rusé, il ne devait pas ignorer que j'étais en Corse, et que je ne voulais pas aller à Fransdhorf et moins encore briguer, au détriment de l'amitié, les faveurs de la reine; que je me bornais à solliciter de sa générosité et de sa reconnaissance, une indemnité pour moi et pour mes compagnons d'infortune, proportionnée à nos droits et à nos pertes.

Il me dit dans sa lettre : « Vous ne deviez pas » envoyer votre épouse, vous deviez me consul- » ter. » Cette défaite ne mérite pas de réplique.

Mon épouse me remit également une lettre de Blanquard, écrite en ces termes :

« Vienne, le 6 juin 1818.

» Ce n'est pas sans une vive émotion, mon cher » général et ami, que j'ai vu madame votre épouse. » Sa présence m'a rappelé tous vos malheurs et le » souvenir d'un événement funeste qui fera couler » toute la vie vos larmes et les miennes.

» Elle m'a fait le récit de vos souffrances. Je les » ressentais en l'écoutant. Elles ont encore ajouté » aux miennes, puisque les infortunes de mes amis, » loin de m'être étrangères, me sont personnelles.

» Ah! mon cher général, je ne puis vous ex- » primer tout ce que m'inspire votre situation ! » Vous étiez digne d'un meilleur sort, si la re- » connaissance n'était pas un vain nom, un fan-

» tôme. Vous faites comme moi la cruelle expé-
» rience des caprices de la fortune, ce ne sont pas
» les meilleurs qu'elle caresse ; ni vous ni moi ne
» saurions lui plaire ; nous avons trop de franchise
» pour être au nombre de ses favoris. Madame votre
» épouse vous racontera aussi mes tribulations.
» Elles vous toucheront, elles vous surprendront ;
» mais c'est la vérité pure. Je n'ai de consolation
» que dans l'approbation de ma conscience, et dans
» celle de mes amis et des gens de bien.

» Je n'ai trouvé ailleurs qu'indifférence, pour ne
» pas dire plus. Comme vous, je suis victime du
» dévouement le plus rare et le plus extraordinaire
» qui fut jamais. Ah ! s'il est vrai que les morts
» soient sensibles à ce qui se passe dans ce monde,
» notre infortuné et illustre ami doit bien gémir de
» tout ce qui s'y fait... Infortuné, ne trouverait-il
» pas même la paix dans le tombeau ? Cette idée
» est affligeante.

» Adieu, monsieur, je ne puis faire que des vœux
» pour vous et votre intéressante famille à laquelle
» je suis très-attaché. Disposez de moi dans toutes
» les occasions. Je suis votre ami, comptez-y, je
» serais heureux de vous le prouver. Je compte
» aussi sur les sentimens que vous m'avez toujours
» témoignés.

» Oserais-je vous prier de faire accepter à votre
» respectable père l'assurance de mon respect.

» Votre affectionné serviteur et ami,

» BLANQUARD »

13.

Le chevalier de Fontenay et le comte de Caraman ont pris tout l'intérêt possible à mon épouse, le roi Jérôme eut la bonté de s'intéresser pour elle auprès de la comtesse sa sœur qui, a-t-elle dit, par des circonstances critiques n'a pu faire le moindre sacrifice pour venir à mon secours.

Quelle dut être ma surprise de voir mon épouse, à son retour dans le sein de sa famille, dénuée de toute ressource et accablée de chagrins.

J'étais au moment de partir pour le continent, pour aller, loin de ma patrie, supporter sur une terre étrangère mes malheurs, lorsque je reçus du ministre de la guerre, la lettre suivante :

« Paris , le 15 juin 1818.

» Monsieur,

» J'ai l'honneur de vous annoncer que le roi » vous a reconnu dans le grade de colonel au » service de France, par décision du 20 mai » 1818.

» Vous prendrez rang dans l'armée française , à » compter du jour de cette décision.

» J'ai l'honneur d'être avec considération,

» Monsieur,

» Votre très-humble et très-obéissant serviteur,

» GOUVION SAINT-CYR. »

La reine Caroline, après tant de promesses, n'a pas effectué celle d'envoyer en Corse l'intendant de sa maison, annoncé dans sa lettre, chargé de s'informer de ma position. Après des marques aussi éclatantes de fidélité données aux yeux de toute l'Italie, après avoir affronté la mort, et versé mon sang pour conserver les jours de son époux, je n'aurais pas dû m'attendre à une enquête exécutée par l'un de ses agens. Pour suppléer donc, au rapport que sa majesté la reine aurait désiré de son homme de confiance, et pour mieux convaincre Macdonald, et lui faire encore apprécier les droits que lui présentait madame Franceschetti, et qu'il n'a pas cru devoir reconnaître, je lui écrivis la lettre suivante par duplicata.

« Vescovato, le 5 janvier 1820.

» Général,

» Au retour de mon épouse de Vienne, l'année
» dernière, elle me remit la lettre que sa majesté
» la reine me fit l'honneur de m'écrire, datée du
» 6 juin, et contenant les expressions les plus sa-
» tisfaisantes. Je reçus également par la poste la
» vôtre, en date du 11, par laquelle vous m'an-
» nonciez la prochaine arrivée à Bastia du cheva-
» lier d'Hausmenil, chargé entre autres choses de
» connaître particulièrement dans quelle situation
» peut m'avoir réduit le séjour en Corse de feu
» mon souverain. Depuis dix-huit mois et plus,

13.

» étant dans cette attente, sans voir paraître
» d'Hausmenil, je joins à celle-ci deux (1) certi-

---

(1) « Je soussigné, chef de l'administration du département de la Corse, certifie qu'il est notoire dans ce département, que M. le colonel, en non activité de service, Franceschetti, ex-général, a fait de très fortes dépenses au Vescovato, près Bastia, lorsqu'il a reçu dans son domicile hospitalier le défunt ex-roi de Naples, Joachim, et que les sacrifices pécuniaires qu'il a faits à cette époque et postérieurement, pour le suivre dans ses infortunes, et ce qui en est résulté, l'ont réduit à ne posséder pour vivre avec sa femme et ses enfans, que le traitement de demi-solde du grade de colonel.

» En foi de quoi, et sur sa demande, je lui ai délivré le présent, et pour rendre hommage à la vérité :

» Ajaccio, le 20 mai 1819.

» Le lieutenant général, conseiller d'état et préfet de la Corse.

» Comte DE VIGNOLLES. »

« Bastia, le 30 mai 1819.

» Je soussigné, maréchal de camp des armées du roi, commandant la 17e. division militaire (île de Corse), certifie que suivant tout rapport et témoignage, il est notoire que M. Franceschetti, ci-devant général au service de l'ex-roi Murat, colonel en non activité, a reçu le susdit roi en 1815, dans son domicile au Vescovato, et a pourvu à tous ses besoins et dépenses; que par suite des événemens, il a fait de grandes pertes, et qu'il a ruiné sa fortune et sa famille, ce qui le met à la discrétion de ses créanciers, de telle manière que son traitement de demi-solde subit même des retenues.

» En foi de quoi et sur sa demande, je lui ai délivré le présent, pour lui servir et valoir en tant que de besoin.

» Baron BRUNY. »

» ficats de nature à mettre sa majesté la reine au
» fait, qu'outre le mérite d'avoir sacrifié ma per-
» sonne pour son défunt mari, j'ai de plus celui,
» toujours par mon illimité dévouement, d'avoir
» totalement épuisé ma fortune, motif pour lequel
» je crois être en droit de mériter d'être soulagé
» dans ma misère, occasionée pour pourvoir aux
» pressans besoins de mon malheureux roi.

» Il est inutile de vous dire, général, que sans
» une lettre du ministre de la guerre, reçue au
» retour de mon épouse, lequel, ému de ma péni-
» ble situation, sous les rapports qui lui en ont
» été faits, qui m'annonçait que je faisais désor-
» mais partie de l'armée française, j'étais exposé et
» livré à la plus visible indigence.

» Cette incontestable vérité vous surprendra
» peut-être, mais ma situation étant réelle, c'est
» pourquoi ma confiance redouble en vous, afin
» que vous vous intéressiez auprès de la reine,
» pour me faire obtenir une idemnité quelconque
» et me donner une latitude pour patienter encore
» quelque temps.

» Mille amitiés. »

Point de réponse.
Le 20 mai 1821, j'écrivis à la comtesse de Lipano
la lettre ci-après :

« Madame,

» M. Abatucci fils, conseiller à la cour royale

» de la Corse, m'a fait connaître, il y a à peu
» près deux mois, qu'il a reçu des ordres pour
» contraindre le sieur Joseph Grégory à rendre
» compte des sommes appartenantes à votre ma-
» jesté. Cette nouvelle, et le choix de M. Aba-
» tucci, qui mérite toute la confiance de votre
» majesté, m'avait donné l'espoir de voir enfin à
» découvert les manœuvres du sieur Grégory ;
» mais le retard dans les poursuites et le voyage
» que ce négociant se propose de faire à Paris, me
» fait présumer de sa part le projet de tenter
» quelque arrangement avec des personnes qui,
» n'étant pas bien au courant de toutes ces intri-
» gues, pourraient en être les dupes. Le sieur Gré-
» gory me fait mal figurer dans ses comptes ; j'ai
» reconnu qu'il présente des doubles emplois et
» des dépenses qui n'ont jamais existé. Si je n'étais
» pas consulté, ma délicatesse en souffrirait.

» Je sais que votre majesté a ordonné à son
» procureur fondé de ne rien allouer sans mon
» approbation, mais si l'on prend des arrangemens
» à Paris à mon insu, comment pourrai-je discuter
» les sommes portées en compte, en reconnaître
» l'emploi ? D'ailleurs qui pourra vérifier les dif-
» férentes signatures qu'on présenterait ? Ce point
» est essentiel et est la clef de tout.

» Dans les réflexions que j'ai l'honneur de sou-
» mettre respectueusement à votre majesté, je
» n'ai d'aucune manière en vue, mes intérêts per-
» sonnels ; votre majesté connaît mon zèle, mon

» extrême détresse, mes pertes : elle a eu la bonté
» de dire qu'elle ne les oubliera pas , et je suis
» tranquille, autant que peut me le permettre ma
» situation.

» Ma démarche n'a d'autre but que d'empêcher
» qu'on ne trompe votre majesté, et de mettre à
» couvert mon honneur qui est la seule chose qui
» me reste.

» Je supplie en conséquence votre majesté,
» d'ordonner, par la manifestation de la vérité,
» qu'aucun arrangement avec le sieur Grégory, ne
» soit pris qu'à Bastia, où je pourrai être présent.

» Je lui fais l'hommage le plus sincère de tous
» mes sentimens, etc., etc. »

Lettre écrite au général Macdonald :

« Bastia, le 20 mai 1821.

» Mon général,

» J'ai écrit à sa majesté la reine pour la pré-
» venir des manéges du sieur Grégory qui voudrait
» la frustrer des sommes qui lui sont dues.

» Grégory est un homme dangereux par les
» moyens qu'il ne craint pas d'employer dans la
» négociation des affaires; habitué à se jouer des
» principes, je redoute son audace. Dans cet état
» de choses, j'ai pensé devoir vous instruire de la
» situation des affaires de la reine.

» Tâchez que sa majesté ordonne que Joseph

» Grégory devra rendre ses comptes en ma pré-
» sence ; par-là les intérêts de la reine sont assurés :
» si vous daignez m'informer du résultat de vos
» démarches, je vous prie d'adresser votre ré-
» ponse à M. Andrea Padovani, propriétaire à
» Livourne.

» Je suis, etc., etc. »

Réponse à ma lettre :

« Fransdhorf, le 6 juillet 1821.

» Mon cher général,

» Je viens de recevoir la lettre que vous m'avez
» écrite le 20 mai, et je m'empresse d'y répondre.

» Il n'est pas vrai qu'il soit question de procé-
» der à une transaction avec Grégory ; car on exige
» qu'il réponde de la totalité de la somme reçue
» par Barillon. Les réflexions que vous avez re-
» mises dans les temps, sont entre les mains des
» procureurs de sa majesté, et ils ont l'ordre de les
» reconnaître comme véritables. Je ne vois pas la
» possibilité de conclure un arrangement ; mais s'il
» était possible de le baser sur les conditions que
» nous avons posées, vous n'aurez qu'à vous en
» féliciter.

» Sa majesté a aussi reçu les lettres que vous lui
» avez adressées : dans cette démarche, elle a eu de
» nouvelles preuves de l'intérêt que vous prenez à

» ce qui la regarde, et me charge de vous assurer
» de toute sa reconnaissance.

» Adieu, mon cher général; croyez que j'ai tou-
» jours pour vous l'amitié que je vous ai vouée.

» J. MACDONALD. »

J'écrivis encore au général Macdonald la lettre
suivante :

« Bastia, le 8 septembre 1821.

» Monsieur le général,

» J'ai oublié par mes précédentes de vous in-
» former du soin que je me fis un devoir de solli-
» citer les intérêts de sa majesté la reine, aussitôt
» que j'eus connaissance que M. le conseiller Aba-
» tucci fils était par elle autorisé à traduire en
» justice Joseph Grégory : il m'est trop à cœur de
» revenir sur une mission, pour chercher à justi-
» fier de nouveau l'opinion que sa majesté doit se
» faire de ma délicatesse et de mon zèle.

» Étant venue indirectement à ma connaissance
» la missive dont M. Abatucci a été chargé, sans
» attendre d'être prévenu par celui-ci, je voulus à
» l'instant le prévenir par des lettres réitérées, et
» ensuite par des conférences que nous eûmes en-
» semble.

» En outre du duplicata des mêmes notes et des
» réflexions envoyées de Bastia, le 14 avril 1818,
» remises à la reine à Fransdhorf, je lui en remis

» plusieurs autres non moins utiles, relevées de
» la lettre originale du banquier Barillon, écrite
» au sieur Ambroise Franceschetti, chargé de
» la communiquer au roi, desquelles il résulte
» l'évidence des sommes déposées entre les mains
» du sieur Grégory ; par d'autres longs et mysté-
» rieux détails, on en tire la conséquence que
» d'autres sommes disponibles se trouvent entre
» les mains de diverses personnes qui, quoique
» non mentionnées par Barillon, devaient être
» sans doute connues du roi. Jusqu'à présent je
» me suis abstenu de vous envoyer cette lettre,
» persuadé qu'elle pourrait m'être utile, si on
» intentait un procès devant les tribunaux de
» Bastia, comme sa majesté a paru d'abord en
» avoir le projet ; maintenant que de nouvelles dis-
» positions paraissent avoir été adoptées, je vous
» l'enverrai aussitôt que vous en manifesterez le
» désir ; d'autant plus que la reine pourrait en
» retirer quelques avantageux éclaircissemens pour
» ses intérêts , n'ignorant pas son mystérieux
» contenu.

» Vous me marquez dans votre lettre du 6 juillet
» dernier, que j'aurais lieu à me féliciter, si l'af-
» faire Grégory avait une fin. Ah ! général, que
» n'ai-je pas fait pour la voir terminée en Corse !
» mais avec surprise, je n'ai pas même pu la voir
» entamée. Je ne vous cache pas que je suis tel-
» lement convaincu que cette affaire deviendra
» interminable, si elle n'est pas maniée par des

» personnes aussi intéressées que moi : ce qui
» m'afflige le plus, c'est d'apprendre que la reine
» persiste dans l'intention de me dédommager avec
» ces résultats.

» Ce retard accroît mes afflictions en voyant au-
» tour de moi deux jeunes demoiselles qui se-
» raient déjà établies, si la fortune paternelle
» n'avait pas été consommée par le séjour de son
» défunt mari, et qu'en ce moment elle servirait
» à alimenter ma famille ; mais quoiqu'elle soit
» oubliée, je proteste avec orgueil que je bénirai
» toujours ma fidélité sans tache, puisque pour
» une meilleure cause jamais je n'aurais pu exposer
» ma vie et ma fortune. Le souvenir de mes peines,
» de mes dommages, de mon zèle envers mon sou-
» verain, enfin, sera toujours cher à mon cœur ;
» mais qu'il me soit permis, après une conduite
» aussi loyale, de vous rappeler que, depuis six
» ans, je suis dépourvu de tout moyen, afin de
» pouvoir donner une éducation convenable à
» deux enfans intéressans.

» Si ma demande n'est pas indiscrète, au nom
» de notre ancienne amitié, je vous prie de solli-
» citer de la reine une modique pension annuelle,
» suffisante pour l'entretien de mes deux enfans
» dans un collége en France ou en Italie, jusqu'à
» ce que la reine se trouve à portée de me faire
» expérimenter les effets de sa bienveillance de telle
» manière qu'elle le jugera convenable.

» J'espère que vous ne serez pas insensible à mes

» sollicitations. Rappelez-vous que je suis père,
» que le temps s'écoule, et que tous les bienfaits
» que vous pourriez solliciter par la suite à mon
» égard, ne pourront jamais compenser le dom-
» mage que j'en ressentirai en négligeant l'éduca-
» tion de mes deux enfans.

» Jadis je me proposais d'aller vous voir, mais
» diverses circonstances y mirent obstacle ; à cette
» époque le conseiller Abatucci eut la complaisance
» de me munir d'une lettre décachetée adressée à
» sa majesté la reine, en sa qualité de fondé de
» pouvoir, vous en touverez ci-joint une copie
» originale, afin que vous soyez pénétré de ma
» pénible situation.

» Croyez toujours aux sentimens, etc., etc. »

*Lettre écrite à madame la comtesse de Lipano,
par M. Abatucci, conseiller à la cour royale
de Corse.*

« Bastia, le 14 mars 1821.

» Madame,

» Le général Franceschetti se rend auprès de
» votre majesté pour obtenir d'elle les secours
» que réclame la triste position où il se trouve.
» Instruit par moi que j'avais été honoré du soin
» de recouvrer les sommes dues à votre majesté
» par le négociant Grégory de Bastia, il a desiré
» que je joignisse mes vœux à ceux qu'il forme lui-
» même, pour voir améliorer son sort. Je ne peux

» refuser cet acte de justise à ce brave et malheu-
» reux général; son dévouement, ses périls passés
» sont connus assez de votre majesté, ce qu'elle
» ignore peut-être, c'est que M. Franceschetti,
» par suite des sacrifices que lui ont fait faire
» sa belle âme, voit aujourd'hui sa fortune dans
» un dérangement complet; plusieurs créanciers
» le tourmentent, et il faut avoir toute l'énergie,
» toute la force de caractère qui le distinguent,
» pour résister aux inquiétudes journalières que
» lui attirent des dettes dont la cause est si belle,
» et le résultat si affligeant. Sa position est, certes,
» bien digne d'être prise en considération.

» Mais, madame, en joignant mes prières pour
» le général Franceschetti à celles qu'il adresse
» lui-même sur cet objet à votre majesté, je ne
» dois pas craindre d'avoir trop écouté mon désir
» d'être utile à ce brave général, sans songer
» à ce que ma démarche pourrait avoir d'incon-
» sidéré.

» Cette réflexion, qui m'a quelque temps embar-
» rassé, a dû céder à la persuasion où je suis que
» l'on est toujours excusable aux yeux de votre
» majesté lorsqu'on lui signale des services ren-
» dus et qu'on lui révèle le dévouement et la fidé-
» lité remarquables d'un brave qu'a su tout sacri-
» fier à l'honneur.

» J'ai aussi, madame, en osant adresser cette
» lettre à votre majesté, cédé au vif désir que
» j'ai de déposer à ses pieds l'hommage du plus

» profond respect avec lequel j'ai l'honneur
» d'être, etc.

» Abatucci fils.

» Copie conforme à la lettre par moi écrite et que devait
» présenter à sa majesté le général Franceschetti, lui-même.

» Bastia, le 24 septembre 1821.

» Abatucci fils. »

Aux yeux de l'ami Macdonald, toujours le même, chaque fois qu'il est question des titres qui relèvent mes services rendus à son ancien maître, de mes réclamations et de mes plaintes sur l'oubli de mon dévouement sans exemple, c'était malheureusement pour moi un crime d'avoir été l'ami fidèle du feu roi Joachim, puisque c'était un sujet de reproche qu'il avait à se faire de n'avoir pas su respecter la mémoire de son ancien souverain et y faire honneur; ainsi ma lettre resta sans réponse.

J'écrivis à la comtesse de Lipano, la lettre suivante:

« Vescovato, le 6 mai 1822.

» Madame,

» Par la lettre que j'eus l'honneur d'écrire au gé-
» néral Macdonald, datée du 8 septembre dernier,
» dans l'espoir d'en recevoir une réponse satisfai-
» sante, autant sur mes sollicitations que par celle
» de M. Abatucci fils, votre majesté aura, sans
» doute, apprécié mon zèle toujours croissant, dans
» les démarches que j'ai faites pour donner tous
» les renseignemens nécessaires à son fondé de pou-
» voir, afin de le mettre à même d'agir avec con-
» naissance de cause contre Joseph Grégory; je le

» devais à mon honneur, à vos intérêts et aux
» miens, comme aussi pour me mettre à l'abri des
» reproches que j'aurais pu me faire en ne faisant
» pas ce qui était en mon pouvoir, pour faire
» rembourser toutes les sommes reçues par Joseph
» Grégory des mains du banquier Barillon.

» Pour justifier mieux la loyauté de mes opéra-
» tions, je prends la liberté de transmettre à votre
» majesté le reçu des documens, que j'avais pré-
» cédemment confiés à M. Abattuci (1).

» J'aurais aussi profité de cette même occasion

---

(1) « Bastia, le 18 mai 1821.

» J'ai remis à M. Abatucci les papiers suivans :

» 1°. Une lettre du 10 octobre 1815, datée de Paris, et
écrite par duplicata, par le banquier Barillon au sieur Ambroise Franceschetti, avec une note adressée au roi Joachim,
dans laquelle il l'informe de diverses sommes qu'il a débour-
sées pour son compte ; de même que du reçu de M. P. S. M.
Figarella, d'une somme de deux cent mille francs pour le
compte de Joseph Grégory.

» 2°. Diverses pièces contenant tous les éclaircissemens sur
l'affaire Grégory, écrits par le général Franceschetti, et envoyées à sa majesté la reine à Fransdhorf, le 14 avril 1818.

» 3°. La copie d'un reçu de seize mille francs de Joseph
Grégory à madame Catherine Franceschetti, daté de Bastia,
le 15 novembre 1815.

» Je soussigné reconnais avoir reçu de M. le général Franceschetti les pièces et tous les papiers désignés ci-dessus, en
foi de quoi, etc.

» Bastia, le 20 janvier 1821.

» J. B. ABATUCCI. »

» pour renouveler avec respect à votre majesté mon
» empressement ; mais, sur la réflexion de les avoir
» communiquées sans fruit au général Macdonald,
» que me reste-t-il à espérer ?

» Jusqu'ici je m'étais flatté d'obtenir une réponse
» relativement aux affaires de Grégory ; mais je
» m'aperçois que désormais tout devient superflu
» et inutile par le silence qu'on s'impose à cet
» égard ; néanmoins je sollicite votre majesté de
» m'excuser si je prends la liberté de l'entretenir
» de nouveau , mais pour la dernière fois.

» Il y a trois jours que M. Abatucci fils m'a com-
» muniqué une lettre de son père , par laquelle il
» dit, que si Grégory, après avoir été assigné par-
» devant le tribunal civil de première instance , ne
» consent pas à un arrangement, il devait suspendre
» et prolonger momentanément le procès ; telles
» étaient les intentions du fondé de pouvoir de
» votre majesté à Paris.

» Le même Abatucci fils, m'a dit avoir à diverses
» reprises demandé les fonds nécessaires pour in-
» tenter et suivre le procès , ce qu'il n'a jamais pu
» obtenir.

» Il m'a assuré en outre avoir mis sous les
» yeux de votre majesté que la consultation des
» deux avoués de Paris était contraire à ses inté-
» rêts, par laquelle il fut arrêté de mettre en
» cause Antoine, au lieu de Joseph Grégory, en
» ce que Antoine est insolvable. Cette détermina-
» tion mal entendue n'aura d'autre résultat que de

» dépenser de l'argent inutilement, de même que de
» prolonger indéfiniment cette intéressante affaire,
» d'autant plus qu'il faudra par la suite mettre en
» cause Joseph Grégory, homme fortuné, offrant
» toute garantie, et l'unique responsable des sommes
» retirées du banquier Barillon. Il ajouta aussi
» d'avoir instruit de tout cela votre majesté, mais
» qu'elle nuit à ses intérêts, lorsqu'il s'agit d'an-
» ticiper des sommes, et qu'elle s'expose à perdre
» un procès dont le gain de cause était assuré, si
» on le plaidait par-devant un tribunal de com-
» merce dont la prise de corps contre Joseph
» Grégory aurait été prononcée par les droits qui
» s'y rattachent, droits dont on se dépouille en-
» tièrement, si le procès vient à être agité par-
» devant le tribunal civil.

» N'ayant aucune observation à faire sur les pré-
» cédentes, je me bornerai à dire, qu'attendu les
» obligations par duplicata signées de Joseph Gré-
» gory, datées du 2 septembre 1815, et que je
» conserve, dans lesquelles il est expressément
» dit qu'il ne pourra exposer ni dépenser la
» moindre somme sans mon ordre, je me trouve
» en plein droit de lui demander compte des dé-
» penses et de l'usage qu'il a fait des deux cent
» mille francs que le roi lui a confiés; et quoique
» mis en son pouvoir, ils étaient à ma disposi-
» tion, devant servir au remboursement de toutes
» les dépenses faites en Corse, que je fus contraint
» de faire dans les impérieuses et critiques cir-

14

» constances, comme aussi d'en ordonner d'autres,
» si les circonstances l'exigeaient ; de sorte que
» j'ai l'amour-propre d'assurer votre majesté que si
» je me fusse trouvé dans une position à faire les
» avances que les poursuites de cette cause exigent
» pour la mener à bon port, elle serait déjà ter-
» minée, et elle aurait eu la satisfaction de me
» voir indemnisé de mes pertes. Telles étaient les
» intentions du roi, devenues en ce moment sa-
» crées pour le cœur de votre majesté, de faire
» honneur à sa mémoire, envers un homme qui
» a su sacrifier avec générosité sa vie et sa fortune.

» Il est fâcheux de me voir forcé de revenir
» constamment sur des faits qui ne servent qu'à
» me rappeler la catastrophe de mes honorables
» malheurs, et réveiller en moi cette douleur qui,
» avec amertume, me poursuivra jusqu'au tom-
» beau. Combien ne serait-il pas plus doux pour
» moi de correspondre avec votre majesté, en lui
» renouvelant seulement mon inaltérable attache-
» ment et en éloignant tout triste souvenir !

» Je finis en n'en parlant plus, comme aussi de
» ne plus l'importuner, convaincu d'avoir fait autant
» qu'il était de mon devoir pour les intérêts de votre
» majesté, et pour lui faire connaître ma malheu-
» reuse position dans laquelle elle m'abandonne,
» en lui donnant l'assurance que personne ne pourra
» lui offrir un plus sincère dévouement, etc., etc. »

Point de réponse à ma lettre.

Enfin, après un long silence, je me décidai à écrire la suivante :

« Vescovato, le 29 janvier 1823.

» Madame,

» Dans la position malheureuse où je me trouve,
» il m'est permis encore une fois, sans manquer
» à aucun des devoirs que je me suis imposés, de
» m'adresser à votre majesté, pour la supplier de
» faire hâter la décision à laquelle sont attachées
» les destinées d'une famille de sept personnes, et
» la réputation d'un ancien soldat dont votre
» majesté connaît la conduite, puisqu'elle a daigné
» lui accorder les témoignages les plus flatteurs de
» sa bienveillance.

» Toutes mes propriétés ont été vendues ou
» données en paiement à des créanciers; mon
» beau-père, vieillard octogénaire, qui avait mis
» à ma disposition son crédit et les débris de sa
» fortune, est menacé de prison pour une dette
» de trois mille six cents francs; la dot de ma
» femme est entamée; mes deux filles, en âge d'être
» mariées, sont dénuées de tout, et obligées de se
» soumettre à toutes les privations, dans un vil-
» lage où tout leur rappelle l'ancienne splendeur
» de la famille devenue aujourd'hui la plus mi-
» sérable du canton. Mes deux fils, forcés de re-
» noncer aux espérances qu'il m'était permis de
» concevoir pour eux, seront dans quelques an-

14.

» nées contraints de s'engager, pour ne pas avoir
» à rougir, aux yeux de leurs compatriotes, de
» leur misère que le défaut d'instruction rendra
» plus affreuse encore.

» Voilà l'affligeant tableau que je dois présenter
» à votre majesté, pour la convaincre qu'il n'est
» malheureusement que trop fidèle ; je me borne
» à lui représenter que toutes les ressources de
» ma famille se réduisent :

» 1°. A un traitement temporaire de non-activité
» de deux mille cinq cents francs par an, que le
» gouvernement m'a accordé en qualité de colonel.

» On me retient cinq cents francs par an sur ce
» traitement, pour le paiement d'une partie des
» dettes que j'ai contractées pendant ma déten-
» tion.

» 2°. A une pension de neuf cents francs que le
» roi a accordée à mon beau-père ; mais ce vieil-
» lard est obligé de l'abandonner à son créancier,
» pour éviter l'humiliation de terminer sa carrière
» dans un cachot.

» Ainsi il ne reste que deux mille francs pour
» vivre, à une famille composée de sept indivi-
» dus..... outre les dettes sacrées à payer.

» L'honneur, l'amour paternel, la piété conju-
» gale, et mon respect pour votre majesté, m'o-
» bligent à lui faire connaître ces tristes vérités.

» Peut-être aurais-je gardé le silence s'il n'avait
» été question que de ma famille ; mais je manque-
» rais à l'honneur si je compromettais plus long-

» temps les intérêts de mes créanciers. D'un autre
» côté, madame, les princes vos enfans ont des
» droits à faire valoir contre le dépositaire infidèle
» d'une partie du patrimoine de leur infortuné
» père, et je serais coupable, envers votre majesté
» elle-même, si je tardais plus long-temps à l'in-
» former de l'indolence et de l'indifférence des
» personnes auxquelles elle a confié le soin de
» poursuivre le recouvrement de cent soixante-
» douze mille francs payés par M. Barillon.

» Votre majesté m'avait fait l'honneur de m'an-
» noncer qu'elle chargerait M. le chevalier d'Haus-
» menil de se rendre en Corse; il n'y a jamais
» paru. Sa présence eut peut-être suffi pour tout
» finir, suivant les vœux de votre majesté; au lieu
» que son fondé de pouvoir n'a absolument rien
» fait. Il m'est pénible de le dire à votre majesté;
» mais la conduite de M. le conseiller Abatucci,
» qui agit sans doute d'après les intentions de son
» père, ne justifie point la confiance dont il a été
» honoré. Depuis deux ans que je le presse pour
» qu'il actionne le sieur Grégory, je n'ai pu rien
» obtenir : il m'a dit seulement que, s'agissant
» d'une lettre de change, le sieur Grégory ne de-
» vait plus rien, parce qu'il s'était écoulé plus de
» ciuq ans depuis le mois de septembre 1815.
» Cette réponse, de la part d'un magistrat qui
» sait qu'il s'agit d'un dépôt dont Grégory doit,
» d'après les lois, rendre compte pendant trente
» ans, prouve que M. Abatucci ne s'est point

» donné la peine de bien saisir l'esprit de la loi
» à ce sujet, quoiqu'il en ait les moyens.

» J'ai appris indirectement que M. Abatucci,
» pour s'excuser de ce qu'il ne poursuivait pas le
» sieur Grégory, a dit que votre majesté n'avait
» mis aucun fond à sa disposition pour les frais
» du procès, et qu'il fallait au moins douze mille
» francs pour agir. C'est une nouvelle preuve de
» la mauvaise volonté de ce jeune magistrat ; en
» effet, la dépense la plus considérable est celle
» de l'enregistrement du titre, qui s'élèverait à
» mille cent francs, et le reste serait un objet de
» huit à neuf cents francs, en sorte qu'avec cent
» louis au plus, on pourrait tout terminer.

» Quant aux droits des princes vos enfans, ma-
» dame, ils ne sont pas douteux ; j'ai l'obligation
» de Grégory ; il faudrait, pour être libéré, qu'il
» justifiât avoir valablement payé, et c'est ce
» qu'il ne peut pas faire, car M. le marquis de Ri-
» vière n'avait pas qualité pour disposer, ni en
» son nom, ni en celui du gouvernement, des fonds
» de feu le roi ; ainsi, dans le cas même où le
» sieur Grégory aurait payé à M. Rivière les cent
» soixante-douze mille francs, ou une partie de
» cette somme, ce paiement ne lui donnerait tout
» au plus qu'un recours contre celui-ci, sans que
» cela puisse préjudicier aux droits de votre ma-
» jesté et des princes ses enfans.

» Il n'y a pas de questions politiques dans cette
» affaire. Les tribunaux n'ont qu'à s'occuper d'une

» créance d'un particulier envers un autre. Il y
» aura sans doute une foule d'incidens à vider ;
» mais quelles que soient les ressources de la chi-
» cane, la décision ne peut qu'être favorable à
» votre majesté.

» Je pourrais peut-être agir moi-même contre
» Grégory, puisque celui-ci s'est engagé à payer
» d'après mes ordres, les cent soixante-douze mille
» francs, lorsque le feu roi mit cette somme à ma
» disposition, et que je me suis moi-même porté
» caution pour sa majesté, des sommes fournies
» par Grégory; mais quelque fondé que je puisse
» être à intenter personnellement cette action,
» quel que soit mon intérêt à le faire, je suis
» incapable de m'avouer le propriétaire d'une
» somme qui ne m'appartient pas en entier,
» comme je le suis d'abuser de la confiance dont
» feu le roi m'a donné tant d'honorables preuves,
» dans les derniers mois de sa vie. D'un autre côté,
» votre majesté a déjà agi dans cette affaire, et
» rien au monde ne pourrait me déterminer au-
» jourd'hui à faire des démarches qui me parais-
» sent contraires à la délicatesse, et qui, à mes yeux,
» ne pourraient pas se concilier avec les sentimens
» de la profonde vénération et du respectueux atta-
» chement que je professe pour votre majesté et
» pour les princes ses enfans. Qu'il me soit, en cette
» occasion, permis de représenter à votre majesté,
» que, quelque pressans que soient mes besoins, ce
» ne sera que lorsqu'elle aura reconnu mes droits,

» et qu'elle aura fixé le montant de ce qu'elle croira
» m'être dû, que je consentirai à le recevoir, non
» pas à titre d'indemnité, mais comme un gage de
» sa satisfaction et de sa bienveillance.

» Votre majesté sait que d'autres officiers ont
» donné au feu roi des preuves de leur dévoue-
» ment, et elle les a mis au nombre de ceux aux-
» quels elle voulait faire éprouver les effets de sa
» munificence. Votre majesté pourra bientôt réa-
» liser ses projets à ce sujet, si elle daigne prendre
» des mesures pour en finir une fois avec le sieur
» Grégory; mais il est de mon devoir de lui an-
» noncer que jamais elle n'en viendra à bout,
» tant que MM. Abatucci père et fils seront direc-
» tement ou indirectement chargés des poursuites
» ou des recouvremens.

» Elle pourrait facilement les remplacer par
» d'autres gens dont elle connaît la probité, le
» dévouement et la fermeté. Les mêmes motifs
» qui m'ont fait désirer de ne pas être chargé des
» pouvoirs de votre majesté dans l'affaire dont il
» s'agit, m'obligent à la prier de ne pas les donner
» à ceux de mes parens sur lesquels elle pourrait
» jeter les yeux, sachant que feu le roi les hono-
» rait de sa bienveillance, tels que M. le colonel
» Galeazzini, ancien commandant d'armes à Ta-
» rente, et M. Ambroise Franceschetti. Je crois
» cependant devoir mettre sous les yeux de votre
» majesté les noms de deux anciens serviteurs
» qui méritent à tout égard sa confiance, ce

» sont MM. le comte Gentile, lieutenant général,
» et le baron de Caraffa, maréchal de camp. On
» m'assure que le premier doit incessamment
» quitter la Corse ; mais le second s'est définitive-
» ment fixé à Bastia où il a ses propriétés.

» Votre majesté sait combien ces deux officiers
» généraux sont dignes de la considération et de
» l'estime dont ils jouissent.

» Je suis convaincu que l'un comme l'autre tien-
» draient à honneur de trouver l'occasion de faire
» quelque chose pour le service de votre majesté,
» et je suis certain qu'ils s'acquitteraient en hommes
» d'honneur de la mission qui leur serait confiée.
» Je leur fournirai, ainsi qu'à tout autre que
» votre majesté choisira pour la représenter, tous
» les renseignemens nécessaires pour le recouvre-
» ment de la somme que le sieur Grégory s'ob-
» stine à garder avec une scandaleuse mauvaise foi.

» J'ose espérer que votre majesté accueillera
» avec sa bienveillance accoutumée mes humbles
» prières, et qu'elle n'attribuera cette lettre qu'aux
» véritables motifs qui me l'ont fait écrire, et que
» tous m'ont paru de nature à pouvoir être avoués
» par un officier général dont l'honneur a été
» constamment le guide.

» Je suis, etc., etc. »

Cette lettre est restée sans réponse.

Ne sachant plus de quel côté me retourner,
j'adressai à la marquise Pepoli, à Bologne, la

lettre qui suit et que la marquise Pôtenziani, se trouvant en Corse, se chargea de lui faire parvenir à son arrivée à Rome.

« Bastia, le 8 septembre 1824.

» Madame,

» Vous êtes la fille aînée du feu roi Joachim,
» vous avez partagé sa gloire et ses adversités
» jusqu'au jour fatal de l'abandon de sa capitale
» et de son royaume ; vous avez été présente, à
» Naples, au spectacle tendre et déchirant de sa
» séparation, et aux adieux amers qu'il vous fit,
» hélas ! pour jamais. Le souvenir de votre mal-
» heureux père, madame, doit être sans cesse gravé
» dans votre cœur, et ses compagnons d'infortune
» croient pouvoir mériter quelque intérêt de votre
» part, dans leur pénible situation.

» La reine Caroline, madame votre mère, après
» ses promesses réitérées, n'a rien fait pour moi, et
» m'a oublié au point de ne pas même répondre à mes
» lettres. Quel parti prendre en pareille circonstance,
» et à qui dois-je m'adresser, si ce n'est à ses en-
» fans, qui doivent en tout temps si bien apprécier
» dans leur sagesse la reconnaissance et la justice ? Je
» ne demande à la reine autre chose par votre organe
» que d'être purement et simplement remboursé
» de ce que j'ai dépensé avec tant de générosité pour
» le défunt roi son mari, puisque le retard de ce
» remboursement m'a forcé à contracter des dettes
» depuis ma sortie des prisons, jusqu'à hypothéquer

» même la maison paternelle , et que ma famille
» se trouve menacée maintenant de l'abandonner
» par l'acharnement de mes créanciers.

» Je prends la liberté , madame la marquise, de
» vous transmettre ci-joint des *notes*; elles ne ren-
» ferment malheureusement que des résultats affli-
» geans pour mon cœur et le vôtre.

» Après les avoir mûrement considérées , je vous
» prie de vouloir bien mettre sous les yeux de la
» reine qu'il est de sa délicatesse , de la dignité
» même de son auguste famille, de ne pas différer
» plus long-temps à s'acquitter d'une dette aussi
» sacrée , pour me tirer de l'humiliation dans la-
» quelle elle m'a laissé jusqu'ici : ce serait une
» ingratitude monstrueuse vis-à-vis du public ,
» s'il est permis de m'exprimer ainsi.

» Je dois vous dire franchement, madame la mar-
» quise , que sans un traitement de demi-solde de
» colonel que sa majesté Louis XVIII a daigné
» m'accorder , quoique sans titres pour prétendre
» à ses bienfaits , ni moi ni ma famille n'aurions
» pas eu le strict nécessaire.

» Est-ce donc ainsi qu'on abandonne à sa misère
» un ancien militaire qui vient d'immoler à son
» souverain d'une manière noble et éclatante sa
» fortune, son repos , ses jours?

» Certes je n'aurais dû m'attendre à une pareille
» reconnaissance de la part de son auguste épouse,
» et je pense qu'elle devrait mieux apprécier mon
» dévouement et mes services.

» Si la reine croit de ne pas assez connaître les
» obligations envers moi, et de ne pas être tenue
» à la foi de ses promesses, qu'elle vous autorise,
» madame la marquise, à les examiner, j'y consens
» très-volontiers, je me rendrai à Bologne pour
» vous faire connaître tous ses détails, et vous
» mettre à même de décider si l'on doit plus long-
» temps hésiter à venir à mon secours, dans l'état
» où je me trouve ; mon sort, croyez-le, est bien à
» plaindre.

» Honorez-moi, madame la marquise, d'une ré-
» ponse quelconque en supposant même qu'elle ne
» soit pas favorable ; je vous promets de souffrir
» mes maux sans murmure avec cette résignation
» qui doit distinguer un homme de mon caractère.

» Je suis avec un profond respect, etc., etc.

Point de réponse.

J'écrivis à M. Mercy, à Paris.

« Bastia, le 15 décembre 1824.

» Monsieur,

» Il y a quinze jours que M. Abatucci fils est venu
» me trouver pour m'informer que son père lui
» a écrit de Trieste, dans le courant du mois der-
» nier, qu'il peut continuer l'affaire de sa majesté
» la reine contre Grégory, et qu'à cet effet il
» n'a pas besoin de correspondre avec vous, mais
» seulement avec M. le général Macdonald, par

» l'intermédiaire d'un banquier de Florence dont
» il a l'adresse.

» M. Abatucci m'a fait part également que
» vous l'avez autorisé, par une lettre du mois qui
» vient de s'écouler, à tirer sur lui une lettre de
» change de quinze cents francs qui doit servir à
» continuer la procédure.

» M. le conseiller, après m'avoir observé ensuite
» que, comme lui, vous avez en vain espéré de
» pouvoir contraindre Grégory au paiement des
» sommes qu'il a reçues de M. Barillon, sans
» être obligé de produire mon titre devant les
» tribunaux; M. Abatucci, dis-je, m'a prié
» de le lui remettre, sans quoi, a-t-il ajouté, on
» ne peut aller en avant; il m'a observé en ou-
» tre qu'il est d'autant plus empressé à avoir
» mon titre, que Grégory consent lui-même à
» faire les déboursés nécessaires pour l'enregistre-
» ment de la pièce; que, moyennant cette remise
» de ma part, le tribunal statuerait bientôt sur la
» question de savoir lequel de Grégory ou du gouver-
» nement doit remettre les quatre-vingt-dix mille
» francs saisis en 1815 par le marquis de Rivière.

» Le lendemain du jour où M. Abatucci vint
» chez moi, je me fis un devoir de lui rendre
» sa visite, et j'en profitai pour lui faire con-
» naître ma détermination; je lui dis qu'une
» expérience longue et douloureuse m'avait ap-
» pris à être sur mes gardes; que les intérêts
» de sa majesté la reine vis-à-vis de Grégory

» étaient aujourd'hui inséparables des miens ; que
» je ne pouvais à lui Abatucci remettre mon titre ;
» que j'en ferais le dépôt chez un notaire avec la
» condition expresse, dans l'acte de dépôt, de n'en
» donner copie que sur ma demande expresse, et
» de ne la remettre qu'à moi. J'ajoutai qu'en
» temps utile, pour attaquer et poursuivre Gré-
» gory devant les tribunaux, j'entendais que la
» cause commune à sa majesté la reine contre
» Grégory ne fût point séparée de la mienne,
» que j'étais ici dans mes foyers au sein de ma
» famille, entouré de mes amis ; que j'avais assez
» de force et de caractère, d'attitude, pour suivre
» mes intérêts en même temps que sa majesté fe-
» rait valoir ses droits ; enfin, que j'étais prêt à
» donner copie du titre aux conditions énoncées.
» Je vous prie, monsieur, de prendre en con-
» sidération quelle serait ma position, si je re-
» mettais mon titre à M. Abatucci ; assurément
» de valable, étant en ma possession, il me de-
» viendrait inutile si je m'en dessaisissais, et j'a-
» voue que j'ai fait de sérieuses réflexions sur
» l'offre obligeante de M. Grégory pour payer
» les frais d'enregistrement du titre.
» Je m'empresse, de mon côté, monsieur, de
» vous faire le récit exact de ce qui est arrivé, et
» je vous prie de transmettre une copie de la pré-
» sente à M. le général Macdonald, afin qu'il ait
» la bonté de la mettre sous les yeux de la reine,
» et de lui demander ses ordres ; et je me flatte

» que sa majesté trouvera bon que la cause contre
» Grégory soit commune pour l'attaque comme
» pour la défense.

» Veuillez agréer, monsieur, etc., etc. »

Point de réponse.

J'écrivis également au général Macdonald, le
15 décembre 1824, ce qui suit :

« Mon cher général,

» J'ai l'honneur de vous transmettre copie de la
» lettre que je viens d'écrire à M. Mercy, par la-
» quelle vous verrez combien mon opinion diffère
» de celle de M. Abatucci fils, au sujet des moyens
» qu'il convient d'employer pour soutenir les in-
» térêts de la reine contre Grégory.

» Vous savez d'abord que M. Abatucci n'est
» plus le procureur fondé de sa majesté, et qu'il
» s'est fait remplacer par l'avoué Pellegrini. Ayant
» demandé à M. le conseiller la raison de cela, il
» m'a répondu que, comme magistrat, il ne lui
» convenait pas de représenter la reine ; qu'il com-
» promettrait son état en agissant autrement ;
» mais que je dois approuver son choix, puisqu'il
» est tombé sur un individu que je connais parti-
» culièrement, individu d'ailleurs qu'il ne perdrait
» pas de vue en l'aidant de ses conseils.

» Il est vrai que M. Pellegrini est un honnête
» garçon ; mais il est parfois trop simple et manque

» presque tout-à-fait de moyens, ce qui me porte
» à vous prier, mon cher général, d'obtenir de
» sa majesté, qu'elle lui retire sa procuration,
» d'autant plus qu'il est mon cousin germain, et
» que j'ai des raisons particulières pour désirer
» que Pellegrini soit écarté : mes motifs naissent
» aussi de ma délicatesse qui exige qu'aucun de
» mes parens ne représente la reine, et à cet
» effet je ne puis que renouveler les observations
» respectueuses que j'ai eu l'honneur d'adresser à
» sa majesté par une lettre, du 25 janvier 1823,
» qu'elle a sans doute reçue.

» Je pense donc que sa majesté, en ce qui la
» touche, doit être représentée par des personnes
» qui n'aient aucun rapport de parenté avec moi;
» qu'il est de toute nécessité que je sois en pos-
» session de surveiller la marche de la cause,
» pour déjouer les intrigues, en cas de besoin. Si
» néanmoins sa majesté la reine jugeait à propos
» de conserver M. Abatucci fils pour son procureur
» fondé, elle pourrait alors ordonner que je lui
» sois adjoint, pour être en tout informé de son
» intention, afin que les intérêts de sa majesté ne
» soient pas sacrifiés.

» Par le contenu de cette lettre, vous verrez,
» mon cher général, que tout est suspendu jus-
» qu'à de nouveaux ordres de sa majesté.

» Veuillez les solliciter et me les transmettre.

» Comptez-moi, mon cher général, au nombre de
» vos amis, etc. »

Voilà sa réponse.

« Trieste, le 7 février 1825.

» Mon cher général ,

» J'ai reçu l'autre jour votre lettre du 15 décem-
» bre, et je me suis fait un devoir d'en soumettre
» aussitôt le contenu à la reine; sa majesté m'or-
» donne de vous dire :

» 1°. Qu'elle a remis sa confiance dans le con-
» seiller Abatucci, et, étant persuadée qu'il saura
» la justifier, elle ne révoquera nullement les pou-
» voirs qu'elle lui a conférés ;

» 2°. Qu'elle ne peut pas comprendre votre in-
» tervention dans le procès intenté contre M. Gré-
» gory ; qu'elle, conjointement à ses enfans, ne
» peuvent admettre en vous d'autres titres que
» ceux qui émanent des sentimens spontanés et
» gratuits, en conséquence elle invite M. Abatucci
» à prendre ultérieurement des mesures, sans
» s'arrêter aux difficultés que vous lui opposez.

» Sa majesté pense que si vous avez des raisons
» à faire valoir sur la succession du roi Joachim,
» il est de votre intérêt de faciliter une décision
» sur le procès qu'on agite, et alors d'en suspen-
» dre l'exécution, jusqu'à ce qu'on ait décidé sur
» vos prétendus droits.

» 3°. Sa majesté veut enfin que vous sachiez,
» qu'en agissant dans ce procès seulement au nom

» de ses enfans, ceux-ci ont péremptoirement ap-
» prouvé le plan qu'elle suit, comme d'ailleurs
» vous avez dû vous en assurer par la correspon-
» dance que vous avez eue avec la marquise Pepoli.

» Ensuite des ordres de sa majesté, je fais part
» de ces déterminations au conseiller Abatucci.

» Abatucci père, pour sûr, s'est mal exprimé dans
» sa lettre à son fils, s'il lui a fait présumer que
» sa majesté avait l'intention d'éloigner Mercy de
» la direction de ce procès. Mercy est un homme
» par excellence, au-dessus de toute exception,
» jouissant sans limite de la confiance de la reine.

» Je suis fâché, cher général, que ma lettre ne
» soit pas satisfaisante à vos demandes ; elle est
» pourtant conséquente sur tout ce que je vous ai
» écrit et conseillé précédemment. Votre cause sera
» mauvaise tant que vous invoquerez des droits ;
» mais elle sera bonne, autant qu'elle peut l'être
» relativement à la mauvaise situation de fortune
» de cette illustre et malheureuse famille, quand
» vous lui en remettrez la décision. Confiez-vous
» dans mes paroles : vous figureriez comme un sin-
» gulier personnage si, dans une manière quelcon-
» que, vous preniez aujourd'hui une hostile attitude
» contre les enfans de celui que vous avez appelé
» votre bienfaiteur.

» Agréez, mon cher général, que je vous félicite
» sur le renouvellement de la nouvelle année ;
» mon estime et mon amitié pour vous sont con-
» nues ; vous savez aussi que ces sentimens sont

» aussi durables que les principes d'où ils éma-
» nent.

» J. MACDONALD. »

D'après une fidélité sans bornes, un dévouement dont les traces sont ineffaçables, et après une foule de sacrifices de tout genre, j'étais fort éloigné de m'attendre à recevoir des lettres si peu satisfaisantes, dans un moment surtout où j'étais abreuvé de chagrin ; convaincu, en outre, que le roi Joachim ne se serait jamais douté que, pour un vil intérêt, on aurait un jour foulé aux pieds mes services et mes actions avec si peu de ménagement et que, sans aucun égard pour moi et à mon détriment, on aurait marqué une prédilection pour ces hommes de confiance qui, loin d'être à mon niveau, me disent aujourd'hui de sang-froid : Plaidez si vous avez des droits à faire valoir, c'est votre récompense. Je regrette infiniment de ne pouvoir éviter de faire entendre à ces messieurs, que leur zèle sur les intérêts de l'illustre famille est tardif et par conséquent vénal ; tout cet intérêt aurait été aussi efficace à l'époque douloureuse de 1815, qu'il est blâmable en cette circonstance ; mais alors, à dire vrai, tout était danger et crainte pour des hommes de cette espèce ; car s'ils se fussent montrés pour entourer un prince malheureux, ils auraient dû prendre d'abord la détermination de risquer tout sans espoir de rien gagner.

Je dois à la vérité et à moi-même, quoiqu'il

15.

m'en coûte de le déclarer, que tous ces hommes, qui se disent jouir de la confiance de la reine, le roi, son infortuné mari, ne les a pas connus dans ses malheurs, ni à Toulon, ni en Corse ; il fut entièrement oublié et personne ne vint à son secours, si on en excepte madame N***. Cette respectable dame ayant appris l'état de détresse du roi, s'empressa de lui écrire de Paris à Toulon, en lui annonçant qu'elle mettait à sa disposition une somme de deux cent mille francs.

Le roi étant au Vescovato, quoique n'ayant pas reçu cette somme, me parla à plusieurs reprises de la reconnaissance qu'il devait à cette généreuse dame. C'est dans la crainte de lui déplaire que j'évite de la nommer.

Je répondis au général Macdonald et j'envoyai ma lettre ouverte à la marquise Pôtenziani à Rome, par duplicata, pour la lui faire parvenir. En voici la teneur :

« Bastia, le 2 avril 1825.

» Mon cher général ,

» J'ai reçu la lettre que vous m'avez fait l'hon-
» neur de m'écrire le 7 février, au nom de sa ma-
» jesté la reine. L'impression douloureuse que
» cette lettre m'a causé ne s'effacera jamais de
» ma mémoire.

» Il paraît, mon général, que mes intentions
» n'ont pas été bien comprises ; je crois indispen-
» sable, pour ma tranquillité, de les éclaircir.

» Je suis possesseur d'un titre par lequel sa
» majesté, le feu roi, a entendu mettre à mon
» entière disposition la lettre de change de deux
» cent mille francs qu'elle a remis à M. Grégory,
» afin que je pusse m'imdemniser de toutes les
» sommes que j'ai dépensées pour lui et pour sa
» *suite*; vérifier toutes les dépenses de M. Grégory,
» les solder, et payer toute autre personne que sa
» majesté pouvait être dans le cas d'employer à
» son service dans des circonstances aussi diffi-
» ciles. Cette pièce fait connaître jusqu'à quel de-
» gré s'élevait la confiance du roi pour les services
» de celui auquel elle avait eu l'extrême sécurité
» de confier sa personne et ses destinées.

» M. Grégory, pourtant, ayant déjà avancé des
» sommes, et devant fournir à beaucoup d'autres
» dépenses, exigea que j'engageasse ma responsa-
» bilité personnelle sur tous les événemens, et je
» n'hésitai pas un instant à le satisfaire. Mon ab-
» sence de la Corse a duré plus de seize mois. Du
» fond des cachots, j'eus connaissance des dispo-
» sitions que le marquis de Rivière s'était per-
» mis de prendre sur les sommes dont Grégory
» n'était que dépositaire, et, en rentrant chez moi,
» ma position politique ne me permit de rien
» observer.

» M. Grégory, qui connaissait autant que moi
» que ses comptes ne pouvaient être légalement
» arrêtés que par celui qui en avait ordonné les
» dépenses au nom du roi, désira obtenir de moi

» une liquidation, et il m'en fit faire là proposi-
» tion par M. N. En effet Grégory, en sa présence,
» me présenta des comptes, sur lesquels il me
» parut reconnaître des sommes altérées et des
» doubles emplois ; M. N. s'aperçut de ma sur-
» prise, et l'entretien n'eut aucune autre suite.

  » Vous vous souviendrez, mon général, que j'ai
» eu l'honneur de vous rendre compte de ces dé-
» tails, et de vous prier de faire nommer par sa
» majesté un procureur, parce que je voulais
» mettre à couvert ma délicatesse.

  » De nouveaux motifs, en faveur des intérêts
» de l'illustre veuve et de ses enfans, m'ont fait
» souhaiter que sa majesté fît choix d'un autre
» procureur qui pût lui-même personnellement
» s'occuper de ces discussions. Cela n'a pas été
» trouvé faisable, je m'en rapporte à la sagesse
» de la reine.

  » Ce qui m'afflige est de voir que mon zèle
» soit méconnu d'une manière à me faire craindre
» de perdre la confiance que j'ai méritée par ma
» fidélité de cœur, d'âme et de conscience.

  » J'ai cru que moi seul pouvais discuter l'état
» de dépenses que présente Grégory. Je vois que je
» me suis trompé. C'est moi seul, en effet, qui
» connais les objets et les ordres qu'on lui a
» donnés et qui peuvent liquider les comptes, ad-
» mettre telle somme et rejeter telle autre ; mais
» je n'ai rien à dire, si toute autre personne peut
» me remplacer efficacement, et je déclare que je

» ne m'en mêlerai pas , si telle est la volonté de
» la reine.

» On voudrait me faire un crime de n'avoir pas
» remis le double de la lettre de change du roi,
» qui contient les dispositions de sa majesté pour
» l'application des sommes ; mais si on n'a pas
» besoin de mon intervention dans les liquida-
» tions des comptes, M. Grégory peut produire
» lui-même le duplicata de cette lettre. Je ne vous
» cache pas, mon général, que je regarde cette
» pièce comme un monument précieux de la con-
» fiance du roi Joachim, et de laquelle je ne puis
» pas me dessaisir sans une peine extrême.

» Je vous remercie des conseils que vous avez
» la bonté de me donner, en m'insinuant de m'en
» rapporter à la générosité de la reine ; mais je
» vous assure en même temps que jamais je n'ai eu
» l'intention de rien faire qui puisse lui déplaire.

» Mes droits ne sont pas supposés comme on
» vondrait le faire croire ; ils partent, mon gé-
» néral, des sommes que j'ai payées et dont les
» détails ne peuvent pas faire partie d'une lettre ;
» vous les connaissez, la reine ne peut les ignorer ;
» vous savez que depuis l'arrivée, chez moi à
» Vescovato, de l'illustre malheureux, moi seul
» j'ai supporté toutes les dépenses de son séjour ,
» de ses voyages , et de.....; vous ne pouvez dou-
» ter non plus, que si j'avais voulu livrer à M. Gré-
» gory, une simple signature de ma main, déjà
» autorisé par le roi , j'aurais pu m'indemniser

» d'une partie de mes déboursés ; mais, fidèle à
» l'honneur, j'ai mieux aimé dépendre de la volonté
» d'autrui, que de faire naître le moindre soupçon
» sur ma probité. Ces sommes ont surpassé mes
» moyens et mes créanciers ne cessent de m'humi-
» lier journellement.

» Oui, ma confiance dans la justice de la
» reine est toute entière, et je ne pourrais jamais
» me faire une idée que mes malheureux enfans,
» dont l'éducation est négligée faute du nécessaire,
» seront privés de l'unique ressource qui leur
» reste.

» Sans ma triste position, je ne serais pas re-
» venu à la charge sur un objet si intéressant,
» qui n'a aucun rapport avec les discussions de
» M. Grégory, et j'aurais gardé le même silence
» que je tiens sur tout ce que j'ai fait, et que j'ai
» souffert comme militaire français et comme su-
» jet fidèle ; et vous conviendrez certainement,
» général, que ma conduite ne peut pas être éva-
» luée à son juste prix.

» Excusez, mon général, la manière franche et
» loyale que je tiens à cœur ouvert dans cette
» lettre avec un camarade que je regarde comme
» ami ; daignez peindre à sa majesté le respec-
» tueux dévouement sans bornes que j'ai pour
» sa personne et pour ses enfans, et continuez-
» moi vos bons offices auprès de ces augustes
» personnages.

» J'ai l'honneur d'être, etc., etc.

Madame la marquise Pôtenziani m'écrivit la lettre suivante :

« Rome, le 5 mai 1825.

» Monsieur le général,

» On m'a exactement remis votre lettre, et celle
» que vous adressez au général Macdonald. La mar-
» quise Pepoli est ici ; j'ai été lui faire visite, mais
» je ne l'ai pas trouvée chez elle, de sorte que je
» n'ai pas encore pu la voir. Puisqu'elle n'a pas
» répondu à votre lettre, elle semble ne pas vouloir
» se mêler de vos affaires avec sa mère ; aussi je
» compte de ne pas la charger de celle que vous
» écrivez au général ; je crains que quelques égards
» de famille ne l'empêchent de la lui envoyer ; je tâ-
» cherai de trouver une voie sûre, pour la lui faire
» parvenir. Je vois avec beaucoup de peine que vous
» n'avez pas lieu d'être satisfait de la réponse de la
» reine. Espérons toute fois que les choses s'éclairci-
» ront et s'arrangeront. Je vous conseille, général,
» si cela se peut, de faire quelques sacrifices, et
» d'en finir ; car je ne puis pas me persuader que
» la reine ne veuille aussi, de son côté, satisfaire
» aux devoirs de la justice et de la reconnaissance
» envers vous. Je la crois incapable de démentir
» son caractère en cette circonstance. Je loue infi-
» niment le respect et la confiance que vous lui
» témoignez ; ces sentimens, je l'espère, ne seront
» pas infructueux à vos intérêts.

» Je vous prie de faire mes complimens à ma-
» dame Franceschetti; je ne vous dis rien de la
» part de mon mari qui est à Paris, de retour de
» Londres, et qui en partira après le couronne-
» ment du roi, pour venir à Rome.

» Agréez l'expression de ma considération dis-
» tinguée.

» Votre dévouée servante,

» Angélique Potenziani Salicetti. »

Réponse du général Macdonald.

« Trieste, le 31 mai 1825.

» Mon cher général,

» J'ai reçu votre lettre du 2 avril avec beaucoup
» de retard ; je m'empresse d'y répondre par l'es-
» poir que j'ai que les vérités, que je m'en vais
» vous exposer pourront vous faire désister d'une
» opposition qui n'est pas d'accord avec tous les
» antécédans, et permettez-moi de le dire, avec
» ce susceptible sentiment d'honneur que je vous
» ai connu.

» Je n'entrerai pas à discuter vos prétendus
» droits; cette question pourrait m'amener à des
» considérations odieuses, et je ne veux rien dire
» qui vous déplaise ; je me borne à vous assurer,
» que telle chose qu'il arrive, la famille du feu
» roi Joachim ne les admettra pas, et que le juge-

» ment qu'on a provoqué ne peut lui nuire en
» aucune manière.

» J'ajouterai que vous ne devez pas persister
» dans un refus qui n'est motivé par aucune
» raison, car je ne crois pas être un titre de
» gloire, pour un officier général, la faculté qu'on
» lui a donnée d'ordonner des paiemens sur une
» somme limitée, déposée chez un banquier.

» Cependant quand même vous attacheriez à la
» reconnaissance de Grégory une importance que
» je ne puis lui reconnaître, il vous serait facile
» d'en garder une copie légalisée qui vous tien-
» drait lieu de l'original pour vos projets ultérieurs.
» Vous ne devez pas vous obstiner dans votre refus,
» par la considération qu'on pourrait vous forcer
» légalement à remettre la pièce en question;
» mais qu'on ne veut pas recourir à ce moyen par
» des motifs de délicatesse que vous devez apprécier.

» J'écris encore à M. Abatucci de tâcher de se
» passer de ce titre et d'y suppléer, s'il est possible,
» par les lettres de Grégory; mais si l'on persiste à
» le croire nécessaire, quelle conduite nous conseil-
» lerez vous à tenir? La vôtre dans ce cas aurait
» porté une grave atteinte aux sentimens que cette
» famille vous doit!

» A votre plainte d'avoir été écarté de la direc-
» tion de cette affaire, ne pourrait-on pas répon-
» dre par les étranges prétentions de madame
» Franceschetti à Fransdhorf?

» Mais pour les réfuter, je veux seulement vous

» engager à réfléchir que l'action intentée à Gré-
» gory n'a pour objet que de le forcer à justifier
» l'emploi de la somme reçue ; lorsqu'il aurait été
» question de recevoir et de discuter ses comptes,
» la reine vous aurait certainement demandé votre
» intervention.

» Vous vous plaignez des malheurs qui sont re-
» tombés sur votre famille pas suite de l'hospitalité
» que vous avez accordée au roi Joachim. Mais
» dites-moi, je vous prie, quel est le Corse, quel est
» l'homme qui n'en eût fait autant ?

» Pour l'effet subséquent, Dieu eût voulu qu'il
» n'eût pas trouvé de facilités ! Ma morale, mon
» cher général, n'est pas seulement en préceptes,
» ma famille aussi est dans la misère, mais ce
» malheur est nécessaire, et je m'y résigne.

» J'ai suivi le chemin que l'honneur m'a tracé,
» et je n'ai pas éprouvé un seul regret.

» Vous avez raison de me croire votre ami, je
» vous ai prouvé que je l'étais, lorsque j'ai rencon-
» tré de puissantes inimitiés pour vous mettre à
» l'abri d'injustes persécutions ; je vous prouve que
» je le suis, lorsque, au risque de vous déplaire, je
» vous expose des vérités un peu dures.

» Veuillez, mon cher général, faire connaître vos
» déterminations à M. Abatucci fils, pour qu'il
» puisse y conformer les siennes, et recevez l'as-
» surance de mes anciens sentimens d'estime et
» d'amitié.

» MACDONALD. »

Réponse à la lettre du général Macdonald.

« Vescovato, le 15 juillet 1825.

» Mon cher général.

» Par la même raison que les yeux sont l'expres-
» sion du cœur, la plume est celle de la pensée ; et
» en effet, la vôtre m'a complétement dévoilé ce qui
» a demeuré caché à ma pénétration jusqu'au
» moment où j'ai reçu votre dernière, datée du
» 31 mai dernier, dans laquelle, au travers de
» tant de sentimens d'estime et d'amitié je décou-
» vre un style suprême, non autorisé par les cir-
» constances, plutôt que le langage de l'amitié et de
» la conciliation ; qu'il me soit donc permis de ré-
» pondre laconiquement à chaque article, avec cette
» même franchise dont vous m'avez donné l'exem-
» ple, en même temps que les liens de l'amitié l'au-
» torisent.

» J'aurais volontiers considéré le contenu du
» premier paragraphe comme une introduction aux
» vérités que vous vous proposiez de m'exposer, si
» vous n'y eussiez pas, avec peu de ménagement,
» introduit les mots de désintéressement, de peu
» d'accord avec le passé et de susceptibilité d'hon-
» neur ; motif qui me commande impérieusement
» de rappeler à celui qui connut l'invariabilité de
» mes principes, la fermeté et la modération,
» fermes appuis de mes opérations, dans l'ad-

» versité comme dans la prospérité, que ce
» préambule, par cela même qu'il est indécent
» pour son auteur, devient injuste et inapplicable
» à un homme de mon espèce, dont l'honneur est
» le mobile de son irréprochable conduite.

» Il ne peut jamais y avoir rien d'odieux dans
» une correspondance amicale, lorsque l'amitié di-
» rige la plume ; telle était notre position ; si vos
» précédentes sont sincères, j'aurais désiré que
» vous n'eussiez pas été arrêté dans votre élan par
» cette considération ; au reste, vous vous êtes jugé
» en vous imposant un silence que ma franchise
» désavoue.

» Sans ces flatteuses démonstrations d'amitié que
» vous m'avez constamment prodiguées, je serais
» presque porté, contre mon penchant naturel, à
» accuser de faux l'article concernant la famille
» du feu roi Joachim, par lequel il est affirmative-
» ment dit, que telle chose qui arrive, rien ne
» sera admis par celle-ci ; car, s'il en était ainsi,
» comment concilier cette détermination avec les
» lettres rassurantes de la reine et les vôtres ? La
» reine Caroline a gouverné, elle n'ignore donc
» pas que les gouvernans ne se font pas un jeu de
» leurs promesses ; dans ce cas, vous seriez l'au-
» teur bénévole de cette disposition.

» Je rends une entière justice à votre perspica-
» cité, celle de dire, que vous ne croyez pas être
» un titre de gloire pour un officier général,
» celui de retenir un titre ; mais cette même jus-

» tesse de pensée doit aussi vous convaincre que,
» pour être réellement brave, il faut être juste
» d'abord, probe, et empressé sur tout à remplir
» scrupuleusement les devoirs que la société im-
» pose, ceux que l'amitié dicte, et avant tout
» ceux de la nature. Vous m'apprenez, général,
» qu'à défaut de l'une de ces qualités, auxquelles
» s'en rattachent tant d'autres, que je passe sous
» silence, la bravoure dans un individu quelcon-
» que devient incomplète.

» Honoré donc de la confiance du monarque que
» j'avais servi avec dévouement dans sa prospérité,
» et devenu mon hôte dans ses revers, pour me
» dédommager des frais considérables auxquels je
» fus exposé pendant son séjour dans mes foyers,
» et dont vous n'ignorez aucun détail, ce prince
» me laissa le titre dont la détention paraît à vos
» yeux illégitime; mais avez-vous réfléchi, général,
» avant de prononcer, que ma fortune entière a
» été consommée dans ces malheureuses circon-
» stances? Que je suis père de quatre enfans? que
» j'ai contracté des dettes qu'il m'est impossible
» d'acquitter? Voilà précisément ce qui pourrait
» porter quelque atteinte à ma gloire, si je me dé-
» munissais d'un titre qui, en même temps qu'il
» justifie la confiance que le souverain avait en
» moi, prouve la non-malversation de l'héritage
» de mes enfans.

» J'ai réellement apprécié les motifs qui vous
» ont empêché d'avoir recours aux tribunaux, que

» je reconnais en vérité être ceux d'immoler une
» victime aux mânes du roi Joachim.

» L'interpellation que vous me faites, en me de-
» mandant conseil sur la conduite que vous auriez
» à tenir, en cas de refus du titre en question,
» m'a tellement surpris, que je dois ici invoquer
» de nouveau le langage de la franchise, pour vous
» apprendre que l'imperturbable tribunal de l'o-
» pinion vous l'a depuis dix ans tracée; si vous
» n'en avez pas pris acte, c'est parce qu'en effet
» vous y êtes étranger; mais alors, pourquoi af-
» filier vos sentimens à ceux de l'auguste famille,
» tandis que celle-ci, en reconnaissant mes droits,
» m'a manifesté à diverses reprises, en avoir ac-
» quis la reconnaissance, d'où il résulte évidem-
» ment, et d'une manière incontestable, que vos
» opinions ne se trouvent nullement en harmonie
» avec celles de la reine, chef légitime de sa
» famille.

» Vous ne devez pas mettre en doute que si j'eusse
» eu des plaintes à faire valoir, je me serais direc-
» tement adressé à la reine, et jamais à un étran-
» ger à sa famille : c'est plutôt pour agir de réci-
» procité sur les démonstrations amicales que vous
» vous êtes plu à me manifester, que je vous ai
» démontré l'utilité de mon intervention dans l'af-
» faire Grégory; convaincu en même temps que,
» partageant la table et la demeure de la famille,
» vous prendriez un vif intérêt à tout ce qui la
» regarde. Pour mieux vous en convaincre, je

» vous renvoie à l'article de ma lettre du 29 jan-
» vier 1823.

» Quant à la qualification d'étranges prétentions
» de mon épouse, amicalement parlant, je vous
» observe que si vous eussiez joui du doux titre de
» père, vous eussiez certes accueilli, non-seule-
» ment avec bienveillance, les justes et pressantes
» réclamations d'une mère éplorée, dont le voyage
» n'a eu d'autre but que celui d'apporter à ses
» enfans un soulagement à leur détresse, en
» dédommagement de la fortune que de funestes
» circonstances leur ont ravie, et vous l'auriez
» aidée de vos conseils et appuyée de votre in-
» fluence auprès de la reine, d'autant plus que,
» par sa lettre du 7 juin 1818, elle se montre
» avide de me fournir des preuves de sa recon-
» naissance.

» La population entière du pays qui me vit naître,
» les autorités locales, civiles et militaires, en
» rendant un honorable ... à ma fidélité à toute épreuve, et mon désinté-
» ressement, ... sacrifices de tout genre que j'ai faits, plaignant
» mes malheurs ; comment pourrais-je seul y
» être insensible ? Pourrais-je voir avec indiffé-
» rence quatre enfans et leur estimable mère dans
» la misère, sans chercher à émouvoir en leur fa-
» veur ceux qui en sont les auteurs ? Ah ! mon
» cher général, voulant aller jusqu'au bout, avec
» cette même franchise qui me caractérise, souf-
» frez que je mette quelque importance à répondre

» à cette touchante phrase où il est dit : *Quel est*
» *le Corse, quel est l'homme qui n'en eût fait*
» *autant !*

» Quant à la première, sans rien préjuger sur
» ce que mes compatriotes auraient pu faire en
» pareille circonstance, ma réponse se renferme
» dans la conduite franche, ferme et loyale, dont
» les suites m'ont accablé de malheur; mais qu'on
» jette les yeux sur celle tenue par les parens de
» la famille à Ajaccio, et ma réponse sera com-
» plète. Sur la seconde question, qui ne paraît pas
» avoir été posée de sang-froid, n'étant pas même
» en harmonie avec l'Évangile, je dirai : Vous, le
» premier entre tous, comblé de ses faveurs, de
» ses bienfaits, et étant à côté de son épouse,
» vous n'auriez pas dû le laisser sous le fer des
» assassins, au moment où errant dans les forêts
» et sur les côtes de la Provence, il demandait à
» grands cris au ciel et à la terre un [illisible] pour le
» consoler : vous, son m[illisible] [illisible]iez dû voler au secours de celui; dépositaire de ses
» secrets votre fortune et votre réputation, incon-
» [n]ue jusqu'alors. La reine, habituée à la direction
» des grandes affaires, aurait sans votre aide di-
» rigé sa maison; telle était la conduite d'un brave,
» d'un sujet fidèle et reconnaissant, en un mot le
» chemin à suivre prescrit par l'honneur : vous
» auriez alors, par cette louable et obligeante con-
» duite, évité sans doute les plus funestes mal-
» heurs, qui ont plongé dans un deuil éternel la

» famille au nom de laquelle vous débitez tant de
» morale ; vous auriez, par ces devoirs sacrés, évité
» la totale ruine d'une famille qui, par sa nais-
» sance , par ses relations étendues, et enfin par
» sa fortune , jouissait de cette réputation qu'on
» n'acquiert que par des siècles.

    » Je n'ai aucune peine à me convaincre que vous
» n'éprouviez pas de regrets d'avoir abandonné
» votre modeste demeure de Naples , votre ville na-
» tale, pour aller habiter le château de Fransdhorf ;
» la métamorphose doit avoir été aussi agréable à
» votre cœur qu'à vos yeux.

    » Quant à la misère dans laquelle votre famille
» languit , dites-vous , c'est une vieille habitude
» qui ne peut vous donner autant de souci que la
» mienne m'en donne, étant habituée depuis un
» temps immémorial à vivre dans l'aisance.

    » Une franchise réciproque peut seulement cor-
» roborer les sentimens d'amitié vis-à-vis l'un de
» l'autre ; c'est pourquoi j'ai pris à tâche de vous
» exprimer les miens sans déguisement, dans la
» conviction que vous ne trouverez pas plus de du-
» reté dans mes expressions, que j'en ai trouvé
» dans les vôtres.

    » Le public d'abord , et ensuite les autorités su-
» périeures ont rendu hommage à la justice que vous
» m'avez rendue, ne s'agissant que des injustes
» persécutions qualifiées dans votre lettre comme
» telles, motif pour lequel j'ai dû purement et sim-
» plement applaudir au devoir que vous avez rempli

» en votre qualité, ce qui me fait regretter de n'a-
» voir pas à me rappeler une faveur.

» Quant à mes déterminations enfin, je me fais
» un devoir de vous apprendre, si toutefois vous
» les ignorez, que depuis long-temps je les ai fait
» connaître à la reine; par conséquent, si vous ne
» craignez pas de vous mettre à découvert, c'est à
» elle à qui vous devez vous adresser pour votre
» satisfaction.

» Plein de confiance dans les sentimens d'estime
» et d'amitié que vous m'exprimez, veuillez rece-
» voir la réciprocité des miens, qui sont ceux de
» votre ancien ami. »

Ayant été le dernier à abandonner dans ses malheurs le feu roi Joachim, je devais être également
le dernier de ses compagnons d'infortune à être mis
à la porte, au nom de son auguste épouse, par
son ancien fidèle ministre, qui me cherche que-
relle avec des prétextes frivoles et mal entendus,
pour s'acquitter de toutes ses obligations envers
moi, en arrachant à ma famille des secours mé-
rités, lorsque je réclame des sommes qui me sont
dues, après avoir échappé à tant de chances de
mort.

Une correspondance de dix ans, constamment
accompagnée de promesses, s'est enfin arrêtée le
31 mai dernier, d'une manière peu flatteuse à ma
conduite et encore moins à mes intérêts.

Qu'il me soit donc permis après un long silence

de mettre au grand jour ma conduite, et celle des autres tenue à mon égard par des lettres provoquantes, en la justifiant complétement.

Comme je pense en avoir assez dit pour prouver qu'il ne peut y avoir que de nobles sentimens dans le cœur d'un officier français, qui s'est toujours montré digne de ce beau titre, je borne ici ma correspondance.

Les dangers que j'ai courus, les pertes que j'ai essuyées et les peines que j'ai souffertes pour ma fidélité sans bornes, loin de décourager une âme forte et sensible à l'honneur, doit lui faire sentir qu'il est du devoir d'un militaire de servir avec fidélité son souverain jusqu'à la mort.

Mes malheurs et ceux de mes compagnons d'armes, ne doivent point dégoûter les braves qui savent servir avec dévouement; on est toujours assez récompensé, quand on n'a rien à se reprocher, et que l'on fait son devoir; l'estime publique, le témoignage de sa conscience est un trop grand dédommagement pour en perdre la valeur.

Voilà quelles sont les maximes qui se trouvent gravées dans mon cœur, et que je laisse à mes enfans pour tout héritage.

TABLE DES MATIÈRES.